wach - ohne - koffein

Basierend auf dem Drei-Skripte-Training

Wenn mein Produkt SO GENIAL ist, warum kann ich es dann nicht verkaufen?

In vier Schritten zu 100 Kunden in 100 Tagen

von

Kim Klaver

und Heidi Dulay

Life Success Media GmbH

6020 Innsbruck, Austria

Kim Klaver

Wenn mein Produkt SO GENIAL ist, warum kann ich es dann nicht verkaufen?

Covergestaltung: Gillian Riley

Satz und Gestaltung: Life Success Media GmbH

ISBN 978-3-902114-43-3

Life Success Media GmbH

6020 Innsbruck, Austria

www.mlm-training.com

Für alle Liebenden ...
und ganz besonders für Vicki Link

Im Frühjahr 1994 lebte sie noch in einem Wohnwagen und ihr Standplatz war gerade gekündigt worden. Innerhalb von drei Tagen musste sie ihn verlassen. Sie lieh sich einen Karton Produkte von mir aus, ging von Tür zu Tür und sie gewann so viele Kunden, dass sie bereits nach vier Wochen ihre erste Führungsposition in meiner Gruppe einnehmen konnte.

Neun Monate später stand sie bei der nationalen Vertriebstagung gemeinsam mit mir auf der Bühne – als Beste meiner ersten drei *National Marketing Directors*. Sie erhielt die höchsten Auszeichnungen unseres Unternehmens *NSA* und wurde in dessen *Hall-of-Fame* aufgenommen, weil sie es auf ihre ganz eigene und persönliche Weise von ganz unten bis nach ganz oben geschafft hat. In der gesamten Firmengeschichte ist ihre Erfolgsstory wahrscheinlich die am meisten bekannte und bewunderte.

Danke

So vielen Menschen bin ich zu großem Dank verpflichtet: Zuerst den Tausenden Kursteilnehmern und Fans, die während der letzten acht Jahre den Mut und die Ausdauer besaßen, ihrem Network-Marketing-Geschäft treu zu bleiben – trotz vieler unerwarteter Hürden. Manche mussten sogar miterleben, wie ihr Unternehmen den Bach runterging und sich dann aufrappeln und wieder ein neues suchen.

Was würde die Direktvertriebs– und Network-Marketing-Branche ohne so entschlossene und engagierte Menschen wie euch tun? Und was würde ich erst tun? Ich bedanke mich bei den 1.500 ersten Teilnehmern meines Drei-Skripte-Trainings „100 Kunden in 100 Tagen“. Mit viel Lachen und unter großen Qualen wurden die Texte ausgetüftelt und alle, die sie dann auch einsetzten, haben ihrem Geschäft eine völlig neue Richtung gegeben. Darüber freue ich mich riesig. Jeder von euch verdient riesigen Erfolg für den Mut, etwas Neues auszuprobieren. Insbesondere möchte ich mich bei jenen bedanken, die in jedem Kurs geholfen haben, die verschiedenen Versionen der gemeinsam erarbeiteten Texte niederzuschreiben. Das waren u.a. Miriam Hawley von *Excel*, Cheryl Henderson-Khalid, die jetzt bei *Shaklee* ist, Dawn McDonald von

Ideal Young, Elizabeth Yandle von *Shaklee*, Marjorie Rosborne von *Ameriplan*, Lin Young von *InnerLight*, Peg Lewis für sieben *Shaklee-Kurse* und Heidi Dulay von *LittleSpa.com* für die letzten 27 gemischten, Mannatech– und Shaklee-Kurse.

Falls ich jemanden vergessen haben sollte, schickt mir bitte eine E-Mail an *Kim@WhoWho911.com* und ich bringe die Sache in Ordnung.

Mein besonderer Dank gilt auch allen, die diese ersten Kurse bei ihren jeweiligen Unternehmen weiter empfohlen haben, insbesondere Jacqueline Freeman bei *Excel*, Ray Gebauer und Carol Merlo bei *Mannatech*, Mary Ann Cohee und Jim Hary bei *Integris*, Cheryl Buck bei *Ideal Health*, sowie Bob Ferguson und Peg Lewis bei *Shaklee*. Peg Lewis und Cheryl Buck leisteten mir außerdem wertvolle Dienste als Assistenten bei den Kursen und Folgemeetings in ihren Unternehmen.

Ein herzlicher Dank gilt auch meiner sagenhaften Schulungsleiterin Vicki Link für ihre Unterstützung bei den gemischten Studientreffen und für ihre Leitung der zusätzlichen Meetings, um einige Teilnehmer noch gezielter weiterzubringen. Weiterhin bedanke ich mich bei Cheryl Buck und Elizabeth Yandle, die die Teilnehmer in ihren Unternehmen *Ideal Health* und *Shaklee* betreuten.

Ich danke John Milton Fogg, der sich in die „Drei Skripte“

verliebte und sie ohne zu Zögern bei allen Anhängern von „Der größte Networker der Welt“ bekannt gemacht hat.

Mein weiterer Dank gilt allen, die zum Layout dieses Buches beigetragen haben: Gillian Riley von *Phrizbie Design* für das Coverdesign und die Graphiken, Maria Hyman, meiner wunderbaren Layouterin, mit der ich seit 25 Jahren sehr gut befreundet bin und Don Miguel Ruiz, dem Autor von *Four Agreements*, von dem ich den Untertitel des Buches und die Schriftart übernommen habe. Ein Dank geht auch an Beth Greer für ihre wertvollen Kommentare zu den frühen Entwürfen dieses Buches.

Falls ich jemanden vergessen haben sollte, schreibt mir einfach! Ich werde mein Möglichstes tun, um alle Aktualisierungen umgehend vorzunehmen, jedenfalls solange ich lebe …

Besonderer Dank

Mein ganz besonderer Dank gilt meiner lieben Freundin **Dr. Heidi Dulay**, ohne deren erstklassige Formulierungskünste und kompetente Überarbeitungen dieses Buch nicht mehr zu meinen Lebzeiten erschienen wäre.

Konzepte und Skripte live und über das Telefon zu vermitteln, ist eine Sache, aber – wie ich feststellen musste – darüber zu schreiben, eine ganz andere. Fast jede Zeile des Textes entstand mit Hilfe von Heidis scharfsinnigem Verstand und ihrem überaus fähigen Händchen.

Und jetzt wollen wir endlich loslegen, einverstanden?

Erstes Vorwort

Dieses Buch ist über viele Jahre entstanden. Ich war acht Jahre alt, als ich meine ersten Weihnachtskarten verkaufte. Mein Vater arbeitete für einen Verlag, der Grußkarten herausgab, die mir wirklich gefielen. Er sagte mir, er würde mir für jedes verkaufte Kartenset 40 Cent geben. Wir waren gerade aus den Niederlanden in die USA übergesiedelt, ich konnte kaum Englisch, doch trotzdem ging ich in der gesamten Nachbarschaft von Tür zu Tür und ich verdiente mehr als alle anderen Kinder, von denen ich wusste, dass sie dasselbe taten. Jedes Jahr kauften dieselben Leute wieder meine Karten …

Dieses Buch handelt davon, dass Sie dies mit jedem Produkt tun können, das Sie wirklich lieben. Und davon, langfristige, treue und regelmäßige Kunden zu gewinnen. Die Art von Kunden, die sich über alles Neue freuen, das Ihr Unternehmen auf den Markt bringt.

So wie ich mich darauf freue, von allem Neuem zu hören, das die Computerfirma *Apple* herausbringt. Von *Apple* habe ich im Lauf der Zeit schon ziemlich viel gekauft. Und bis heute verwende ich noch immer das Nahrungsergänzungsprodukt, das mir bereits vor zehn Jahren gefiel und das ich damals vertrieben habe.

Die Vorgehensweise, die Skripte und die Tipps in diesem Buch beruhen auf meiner jahrzehntelangen Verkaufserfahrung. Ich glaube, ich habe jeden erdenklichen Fehler gemacht und bin jedem möglichen Hindernis begegnet. Jedes Mal habe ich mich wieder aufgerappelt, in die Hände gespuckt und erneut angefangen – und war hoffentlich ein wenig klüger als zuvor.

Dieses Buch basiert auf den ersten 45 Dreitageseminaren mit dem Titel „Drei Skripte – 100 Kunden in 100 Tagen", die ich 2003 abgehalten habe. Über 1.500 Menschen im Direktvertrieb aus rund 45 Unternehmen nahmen daran teil. Ihre Reaktionen während der Kurse und die Ergebnisse, von denen sie nach der Umsetzung des Gelernten berichteten, haben mich dazu inspiriert, den Seminarstoff in dieser Form zur Verfügung zu stellen.

Der Kursname bezieht sich auf die drei wichtigsten Skripte, die man im Direktvertrieb einsetzen sollte: Das Skript für das Kontaktieren („Erstkontakt-Skript") und die Antworten auf die Fragen „Worum geht es?", „Wird es auch bei mir funktionieren?" und „Wie viel kostet es?".

Der Untertitel kam zustande, als ich eines Tages las, dass der Telekommunikationsdienstleister *MCI* in den folgenden 100 Tagen eine große Kundenkampagne durchführen wollte. Ich dachte mir, warum machen wir das nicht auch? 100 Kunden in 100 Tagen. Ich wusste, dass wir das mit der richtigen Vorgehensweise, den richtigen Worten und einem Produkt oder Service, hinter dem wir voll stehen, ebenfalls schaffen können.

Das nächste Vorwort wendet sich an Networker. Wenn Sie

noch niemals einer gewesen sind, überspringen Sie es einfach und blättern Sie weiter zum Kapitel 1.

Sind Sie bereit?

Zweites Vorwort: An Networker

Network Marketing ist möglicherweise das einzige Geschäft, in dem man sich dafür rechtfertigen muss, nach Kunden Ausschau zu halten.

In jedem anderen Geschäft sind Kunden das Ein und Alles. Unternehmen tun alles, was sie nur können, um sie zu umwerben und zu halten. Die Bekleidungsfirma *Nordstrom* zum Beispiel baut ihr ganzes Geschäft darauf auf, einen unglaublich guten Kundenservice zu bieten.

Aber wie oft haben Sie schon gehört, vor allem von Leuten an der Spitze Ihres Unternehmens, dass es Zeitverschwendung ist, Kunden gewinnen zu wollen? Dass das Geld mit der Akquise von Vertriebspartnern verdient wird? Sonderbar.

Worum geht es hier? Warum steht der Kunde im Network Marketing ganz am Ende der Beliebtheitsskala?

Vielleicht, weil das, was man an ihm verdient, nichts ist im Vergleich zu dem gewaltigen Geldsegen, den einem ein Geschäftsentwickler bescheren kann. Und die wenigen Leute, die wahrhaftige Geschäftsentwickler in ihrer Organisation haben, werden dann auf der Bühne als große Vorbilder hingestellt.

Diese Großverdiener hatten das Glück, über einen oder zwei Geschäftsentwickler[1] zu stolpern, die wiederum eine ganze Organisation aufstrebender Vertriebspartner einschreiben. Bald gibt es dann Tausende von Leuten, die den Traum an andere verkaufen und jeder kauft regelmäßig die Produkte, um „ein Produkt des Produktes" sein zu können. Und dieser seltene Großverdiener an der Spitze bekommt einen Prozentanteil von fast allem. Deshalb ist sein Einkommen so enorm hoch.

Das ist eine angenehme Position, wenn man sie denn jemals erlangen kann. Doch jeder, der länger als ein Jahr im Geschäft ist, kennt auch die Kehrseite: Die Chance, einen solchen Unternehmertyp zu finden, der wirklich etwas auf die Beine stellt und auch bis zum Ende durchhält, sind fast so gering wie die auf einen Sechser im Lotto.

Wer von Ihnen hatte Erfolg bei der Suche nach solchen Unternehmertypen? Und wer konnte sie halten?

Über all die Jahre, in denen ich meine verschiedenen Network-Marketing-Geschäfte aufbaute, habe auch ich mich darauf konzentriert, ehrgeizige Vertriebspartner zu finden. Ich nannte sie „Turbos", weil sie mit größeren Produktmengen (2.000 bis 25.000 Dollar) einstiegen und damit sofort eine höhere Bonusstufe erreichten. Diese Erstbestllungen gaben meinem Einkommen einen

1 Keiner der von mir befragten über 70 Spitzenverdiener mit 30.000,– Dollar oder mehr im Monat hat mehr als vier Leute, die ihm 85–95% seines Einkommens bescheren. Die meisten haben nur eine einzige Person, deren Organisation mindestens die Hälfte zu ihrem Einkommen beisteuert. Und nur in der Hälfte der Fälle wurde diese Schlüsselperson direkt von dem Topverdiener gesponsert.

Turboschub.

Diese Strategie verfolgte ich mit all meiner Kraft und genoss für eine angenehme Weile das „große Geld". Aber ich musste zehn bis zwölf Stunden täglich arbeiten, um dieses Einkommen aufrechtzuerhalten, denn die meisten dieser „Turbos" hielten weniger als drei Monate durch. Sie schrieben sich ein, kauften die vorgeschriebene Menge und gaben nach ein paar Monaten wieder auf, manche sogar schon nach einer Woche.

In Wahrheit waren die meisten gar keine Geschäftsentwickler. Sie waren nur wie hypnotisiert von den finanziellen Aussichten der an die Tafel gemalten Schaubilder und von meinem Erfolg. Sie erkannten nicht, dass ich mich dafür fünf Jahre lang mit aller Energie reingehängt hatte, bevor ich endlich meinen Sechser bekam. In den ersten drei Monaten, in denen ich mein fünftes Network-Marketing-Geschäft aufbaute, war ich nämlich auf einen außerordentlich fähigen Geschäftsentwickler gestoßen.

Die völlig hingerissenen „Turbos", die ich einschrieb, benutzten die Produkte nur selbst und gaben sie nicht weiter. Sie erkannten, dass ihnen das Verkaufen nicht wirklich Spaß machte. Ihre anfängliche Begeisterung schwand schnell angesichts des unerwarteten Desinteresses oder gar der Ablehnung, die sie von ihren Freunden, ihrer Familie und allgemein vom Markt erfuhren.

Deshalb verkaufte ich häufig die Produkte für sie, damit sie sie nicht in der Garage deponieren oder sogar zurückschicken mussten. Zur Umsatzbeschleunigung starteten wir in unserer Organisation ein automatisches Bestellprogramm, durch das Kunden sich verpflichten konnten, das Produkt jeden Monat zu einem Vorzugspreis zu beziehen.[1]

Rückblickend kann ich sagen, dass 97% der Menschen, die ich einschrieb, schließlich zu reinen Kunden wurden. Und ich gewann sie auf die harte Tour – ich wollte sie immer zuerst als Geschäftspartner haben. Dabei gibt es doch stets nur sehr wenige Menschen, die ein Produkt nicht nur nutzen, sondern es auch verkaufen wollen. Die Statistiken mehrerer großer Network-Marketing-Unternehmen zeigen, dass von 100 Menschen, die ein Produkt oder eine Dienstleistung zum Eigengebrauch erwerben, nur zwei oder drei auch aktiv im Verkauf sind. 97 sind einfach nur Kunden, keine Vertriebspartner, obwohl viele von ihnen als solche eingeschrieben sind. Also, warum nicht als Erstes Kunden umwerben? Das ist eine wesentlich klügere Vorgehensweise, wenn man sich ein ansehnliches Einkommen aufbauen möchte.

Am Ende von Kapitel 1, „Start", werden wir eine kleine Übung machen, die viele meiner Kursteilnehmer dazu bringt, vor Entzücken das Atmen zu vergessen. Die Übung zeigt, wie viel Einkommen man mit regelmäßigen monatlichen Kunden erzielen kann. Auf jeden Fall genug, um sich gegen die Möglichkeit abzusichern, dass es länger als geplant dauern könnte, den einen

1 Das Unternehmen, mit dem ich zusammenarbeitete, fand diese Idee gut und übernahm das automatische Bestellprogramm unternehmensweit. Sie nannten es „Bevorzugtes Kundenprogramm" und heute haben sie Zehntausende von regelmäßigen, monatlichen Kunden. Viele andere Unternehmen haben ähnliche Programme, oft auch „automatische Zustellung (Autoship)" genannt.

Überflieger zu finden.

Und um sich etwas auf die Seite zu legen, für schlechtere Zeiten.

Kim

Mill Valley, Kalifornien,

Frühjahr 2004

Inhalt

3

Erste Vereinbarung: Die 9 von 10, die nicht kaufen – loslassen! 21

4

Zweite Vereinbarung: Kein Verkäuferjargon mehr 35

5

Dritte Vereinbarung: Setzen Sie IHREN EIGENEN Hot-Button ein 55

9

Wenn jemand „Ja“ sagt: Die Skripte 1, 2 und 3 133

10

Erzählen Sie nichts über das Geschäft 163

21

22

TEIL 1

4 VEREINBARUNGEN, 3 SKRIPTE

1

Start

In den letzten 15 Jahren, in denen ich Networker geschult habe, bin ich Tausenden von Menschen begegnet, die Produkte oder Dienstleistungen verkaufen, weil sie von ihnen überzeugt sind. Trotzdem haben sie mit ihrem Geschäft zu kämpfen und oft ist es ein langer, zäher Kampf, der sich über viele Jahre hinzieht. Die meisten erzählen mir, wie ein bestimmtes Nahrungsergänzungsmittel oder eine neue Dienstleistung ihr Leben für immer verändert hat und dass sie einfach nicht begreifen können, warum nicht jeder alles daransetzt, dies auch zu erwerben oder sogar selbst weiterzuverkaufen:

> „Es ist ein Produkt, das jeder braucht. Und ich dachte mir, dass es ganz sicher jeder auch haben will. Ist denn nicht jeder ständig müde? Möchte nicht jeder mehr Energie? ***Aber wenn es Geld kostet, sieht auf einmal alles ganz anders aus!***“

„***Es dauert länger, als man denkt.*** Ich bin so jemand, der sich voll reinhängt und ich dachte, es wäre ein Volltreffer. Aber das war es nicht. Ich bin immer noch nicht darüber hinweg. ***Das hat mir einen Teil meines Selbstbewusstseins genommen.***"

„Mann, es ist längst nicht so ***einfach, wie alle behauptet haben.*** Sie sagten, dass sich das Produkt von selbst verkaufen würde. Ich glaubte ihnen, weil ich es mir selbst sofort kaufte."

„Ich war auf die Reaktionen meiner Bekannten nicht vorbereitet. ***Das hat mich verblüfft und schockiert.***"

„Oh Mann, wenn es schon so schwer ist, nur fünf Kunden zu gewinnen, wie schwierig wird es dann erst sein, auf die tausend zu kommen, die ich für den Erfolg brauche?"

Und dann fragen mich alle:
„Was mache ich nur falsch?"

Gerade die Menschen mit großen vorherigen geschäftlichen Erfolgen zeigen sich am meisten überrascht. Bei einem Abendessen vertraute mir ein ehemaliger Geschäftsführer eines der größten Unternehmen der Branche Folgendes an:

> *„Ich habe Bekannte, die auf hohen Management-Posten saßen und über eine hohe Selbstachtung und großes Selbstvertrauen verfügten. Als sie dann in unsere Branche wechselten,* ***wurde ihr Selbstvertrauen erheblich beschädigt,*** *weil sie keine persönliche Ablehnung gewohnt waren. Viele von ihnen sind nicht darüber hinweggekommen."*[1]

Und sie gaben scharenweise auf.

Aber das war früher.

---

1 Persönliche Aussage von Bob Shults, Ex-Chef von Shaklee, bei einer von Shaklee gesponserten Führungskräftekonferenz im Juni 2003, zu der die Autorin als Trainerin eingeladen war.

Dann kamen die Drei Skripte

Neun Monate, vier Vereinbarungen und drei Skripte später hat sich die Situation bei zahlreichen Kursteilnehmern enorm verbessert. Ihr Produktumsatz stieg monatlich um 20 bis 30 Prozent. Im Schnitt ergaben zehn telefonische Kontaktgespräche zwei bis fünf Bestellungen und zwar größere als je zuvor. Doch das Beste daran ist wohl, dass es ihnen wieder Spaß macht. Und viele konnten ihr altes Selbstbewusstsein zurückgewinnen.

Hier sind einige Aussagen:

„Sieben von zehn Karteileichen, die ich anrief, bestellen nun wieder regelmäßig. ***Ich kann nicht fassen, wie einfach es mit der neuen Methode ist.“ – Jo Ann L., Mannatech***

„Diese Woche sprach ich mit 13 Personen und ich gewann zwei Kunden für die automatische Zustellung und erhielt drei Empfehlungen, eine davon für den Eigentümer eines Fitnessstudios. ***So etwas ist mir noch nie passiert. Jetzt macht es mir wieder richtig Spaß zu arbeiten.“***

– Sandra P., Isagenix

„Ich habe 43 Leute angesprochen und erhielt drei neue

Kunden und acht Empfehlungen. Und sechs Leute sagten, dass sie meine Nummer an Bekannte weitergeben würden, von denen sie wüssten, dass Interesse besteht. Ich war erstaunt. ***Ich fühle mich großartig.***"

– Jan H., Melaleuca

„*Ich erzielte diese Woche durch das Gespräch mit neun alten Kunden drei Verkäufe. So etwas ist mir vorher noch nie gelungen.* ***Ich war verblüfft. Es ist einfach traumhaft.***"

– Veronica L., Mannatech

„*Ich freue mich über die neuen Kunden, die ich Dank meines neuen Skripts bekomme, weil diese mir und meinem Geschäftsstil wesentlich besser entsprechen. Ich möchte Menschen gewinnen, die sich für den Regenwald oder blinde Kinder in Tibet oder andere wichtige Themen interessieren und die gerne einen Teil ihrer Telefonrechnung in die entsprechenden Aktionen fließen lassen. Ich war immer gut darin, Kunden zu gewinnen und zu halten,* ***aber jetzt bekomme ich die Kunden, die mir Freude bereiten. Es ist herrlich!***"

– Jacqueline Freeman, Excel Communications

„*In den acht Jahren, die ich im Direktvertrieb tätig bin, hat sich meine Mutter niemals für irgendeines meiner Produkte interessiert. Natürlich sagte sie: ‚Oh, das ist schön, Liebling', aber sie hat nie etwas gekauft. Dann änderte ich meine Vorgehensweise so, wie ich es im Kurs gelernt habe und* ***nach meinem 30-Sekunden-Skript sagte sie: ‚Bestell mir was davon.' Ich war überwältigt ...***"

– Spencer L., ForMor

Pat bekam Zugang zu 50 Müttern:

„Ich kannte eine Frau, die sich an Programmen wie ‚Mamas freier Tag' beteiligte ... Ich rief sie an und verwendete das Skript, das ich gestern gelernt habe. Es lief perfekt! ***Nach ein paar Fragen bat sie mich, eine Präsentation vor 50 Müttern zu halten! ...***
"

– Pat T., Life Force

Hier folgen Stimmen von Teilnehmern an einem wöchentlichen 90-minütigen Folgemeeting für Shaklee-Vertriebspartner, wo sie das, was sie im Drei-Skripte-Kurs gelernt hatten, einüben konnten.

„Es macht mir richtig großen Spaß! In dieser Woche hat sich mein ganzes Leben verändert. *Ich war gestern Abend bei einem Selbständigen-Meeting und* *habe dort mit 28 Menschen gesprochen. Vorher graute mir vor solchen Treffen. Ich ging nie hin, weil ich immer befürchtete, dass mich jemand nach meinem Geschäft fragen könnte und ich dann nicht wüsste, was ich sagen soll.*

Ich rief auch alle 55 Leute an, die ich schriftlich zu einem Treffen eingeladen hatte und konnte mit 30 von ihnen sprechen. Vorher hätte ich das nie getan. Und ich rief bei 38 Leuten an, die einen Produktkatalog erhalten hatten und sprach mit 20 von ihnen.

Von den 78 Menschen, mit denen ich sprach, konnte ich sechs ehemalige Kunden reaktivieren, 18 automatische Lieferungen statt einzelner Verkäufe vereinbaren und zwei Luftfiltersysteme verkaufen.

Meine Umsätze sind diese Woche um fast 1.000 Dollar gestiegen. Die ehemaligen Kunden hatten seit Jahren nicht mehr bestellt und konnten sich nicht mal mehr an mich erinnern.

Ihre Reaktion auf mein Skript war:

‚Das ist ja wundervoll! Das ist genau das, was ich brauche...'

Mein ganzes Verhalten, mein ganzes Wesen hat sich verändert. Was ich anzubieten habe, ist ganz einfach. Das macht erstaunlich viel Spaß.“

– Miriam G.

„An nur einem Tag habe ich Umsätze im Wert von 1.200 Dollar gemacht! ***In den 31 Jahren, die ich schon im Geschäft bin, hatte ich noch nie einen so fantastischen Tag.*** *Ich habe den Kurs besucht, weil ich nie so recht wusste, was ich am Telefon sagen soll. Jetzt rufe ich die Leute einfach an …"*

– Mary A.

„Ich habe bei 42 Anrufen mit 21 Leuten gesprochen, 12 Verkäufe getätigt und habe einen Geschäftstermin mit jemandem vereinbart, hinter dem ich schon seit geraumer Zeit her war. Mein neuer Text hat mir diese Tür geöffnet. ***Ich kann mich nicht erinnern, wann ich jemals einen solchen Erfolg hatte … Es ist wunderbar!"***

– Marceil F.

„Ich erhielt sieben Bestellungen aufgrund der Nachrichten, die ich auf Anrufbeantwortern hinterlassen habe. Ich benutzte das Skript, das wir gestern im Kurs gelernt haben … Eine Frau holte ihren Katalog aus dem Papierkorb, während ich mit ihr telefonierte und rief ‚Ich hab' ihn! Ich hab' ihn! Ich will etwas von dem Schmerzmittel …' Ich bekam zwei Bestellungen, jede über fast 500 Dollar ***und die meisten anderen Bestellungen waren auch größer als sonst."***

– Marjorie L.

„Ich machte 50 Anrufe, sprach mit 29 Personen und erhielt 10 Bestellungen. ***Aber das Aufregendste war, dass ich am Ende meines Arzttermins endlich meinen Mund aufmachte, etwas, was ich mich nie getraut hatte.*** *Am Ende unseres Gesprächs über unsere ‚natürliche Alternative zu Botox' (eine Aussage, die Kim für mich im Kurs kreiert hatte) fragte mich mein Arzt: „Und was möchten Sie nun tun – ein Display aufstellen?"* ***73 Jahre alt zu sein und (laut Krankenschwester) wie 50 auszusehen, macht sich endlich bezahlt …"***

– Pat P.

Diese Menschen und viele hundert weitere haben gelernt, wie man andere, die wie sie selbst sind, auf besondere Art und Weise anspricht. Zum Beispiel suchte sich jemand Eltern aus, deren Kinder wählerische Esser sind und die sich Sorgen um deren richtige Ernährung machten. Ein anderer suchte sich Menschen aus, welchen aufgrund ihrer Arbeit die Hände und der Nacken weh taten. Und wieder jemand anderes suchte nach Menschen, die ihre Stirnfalten ohne Schönheitsoperation oder Botox loswerden wollten.

Sie lernten, nach Menschen mit ähnlichen Anliegen und Symptomen Ausschau zu halten und die bereit waren, etwas an ihrer Situation zu ändern.

Sie lernten, ihre eigenen Hot-Buttons in den Vordergrund zu stellen und nicht die anderer Menschen. Und raten Sie mal, wer darauf anspricht? ***Leute mit den gleichen Hot-Buttons.*** Es scheint so, als ob diese Menschen nur darauf gewartet haben, dass sie jemand auf eine Lösung für ein Problem anspricht, das sie anpacken wollen.

Wenn auch Sie lernen könnten, auf ähnliche Weise mit Kunden in Kontakt zu kommen und ähnliche Ergebnisse zu erzielen, glauben Sie, Sie könnten dann in 100 Tagen 100 Kunden gewinnen? Wäre es für Sie auch okay, wenn es vielleicht 200 Tage dauert?

Überraschung!
Kunden bringen Einkommen

Lassen Sie uns jetzt etwas tun, was am Beginn von jedem meiner Kurse steht. Schreiben Sie auf, wie viel Sie jeden Monat für Produkte oder Dienstleistungen Ihres Unternehmens ausgeben, die Sie und Ihre Familie benutzen.

> Jeden Monat gebe ich in meinem Haushalt 76,50 €
> für Produkte/Dienstleistungen meines Unternehmens aus.[1]

Jetzt multiplizieren Sie diese Zahl mit 100 Kunden, um zu sehen, wie Ihr monatliches Umsatzvolumen aussehen würde.

76,50	€ x 100 Kunden	=	7650 €
(Ihre monatliche Bestellung)		=	(monatliches Umsatzvolumen von 100 Kunden)

Das monatliche Umsatzvolumen ist der Betrag, den Ihr Unternehmen jeden Monat erhält. Diesen Umsatz würde es ohne Ihre Kunden nicht geben.

---

1 OHNE die Bestellungen, die Sie nur tätigen, um sich für Ihren Bonus zu qualifizieren.

Jetzt multiplizieren Sie Ihr Umsatzvolumen mit dem durchschnittlichen Prozentsatz, den Ihnen Ihr Unternehmen für Kundenverkäufe zahlt, um Ihr monatliches Einkommen zu errechnen.

7500 € x	20 % =	1500 €
Kundenumsatz	% Prozentanteil von 100 Kunden	(monatliches Einkommen von 100 Kunden)

Das ist nur der Anfang. Was wäre, wenn Sie weiterarbeiten und sich in 300 Tagen 300 Kunden aufbauen – also z.B. innerhalb eines Jahres. Wie hoch wäre dann Ihr Verdienst? Schreiben Sie diese Zahl hier auf.

Monatliches Einkommen x 3 = 4500 €
(monatliches Einkommen von 300 Kunden)

Zusammengefasst:

100 Kunden, die monatlich dasselbe bestellen wie ich,
würden mir 1500 € einbringen.
300 Kunden, die monatlich dasselbe bestellen wie ich,
würden mir 4560 € einbringen.

Und das alles mit oder ohne Ihre Downline,

haben Sie das bemerkt? ☺

Mary Janes Geschichte

Hier ist der Bericht von Mary Jane, die nach dem Besuch des Kurses die Herausforderung angenommen hatte, in 100 Tagen 100 Kunden zu gewinnen.

„Zu der Zeit, als ich den Drei-Skripte-Kurs kennen lernte, hatte ich noch überhaupt keine Erfahrung im Verkauf ... Ich war Abteilungsleiterassistentin in einem großen Unternehmen und war jahrelang mit meinem wöchentlichen Gehaltsscheck zufrieden gewesen, mit der betrieblichen Krankenversicherung, mit meiner geregelten Arbeitszeit von 9 bis 17 Uhr, mit dem Mittagessen unter Kollegen. Ich ließ mich einfach so mittreiben, im Unternehmen so wie morgens und abends im Berufsverkehr, das war mein Leben.

Damals war ich extrem übergewichtig. Ich hatte schon alles ausprobiert und fand dann endlich ein Produkt, das mir half, in sechs Monaten fast 70 Kilo zu verlieren! Ich war so begeistert davon, dass ich beschloss, es auch selbst zu verkaufen.
Ich 'verkaufte' so, wie es mir beigebracht worden war, per Internet und im direkten Gespräch. Fünf von

jeweils 200 Menschen, die ich ansprach, kauften ein einziges Mal etwas. Die anderen kosteten mich nur viel von meiner Zeit.

Dann stellte mir meine Freundin Ruth Johnson den Drei-Skripte-Kurs vor, an welchem man auch telefonisch teilnehmen kann. Während des ersten Kurstages erstellte ich mein ‚Erstkontakt-Skript'. Während Kim sich mit dem nächsten Teilnehmer beschäftigte, erhielt ich bereits eine E-Mail von einer Frau, die mehr über mein Programm wissen wollte, sich aber nicht sicher war, ob es für sie passte.

Also kopierte ich meinen neuen, aus nur einem Absatz bestehenden Text, den ich gerade im Kurs erstellt hatte und mailte ihn ihr. BINGO!!! Fünf Minuten später kam die Antwort. Die Frau schrieb: ‚Das ist das ideale Programm für mich und meinen Mann. Es klingt, als wäre es für uns gemacht …' Und zu meiner Überraschung bestellte sie Produkte im Wert von 400 Dollar. EINFACH SO! Die Provision, die ich für diesen Auftrag erhielt, deckte bereits die Kosten für Kims Kurs.

Seit dem Drei-Skripte-Kurs im Juli 2003 bin ich sehr souverän geworden, was den Verkauf meines Produktes

angeht. Früher erzählte ich viel zu viel und gab zu viele Informationen. Jetzt mache ich alles kurz und knackig und es funktioniert!
Jetzt habe ich Zeit, mich um meinen Mann zu kümmern, mit meinem Hund zu spielen und mich mit meinen Freundinnen zu treffen.

ICH HABE MEIN LEBEN ZURÜCK und meine Familie hat mich wieder …
Kim hat uns herausgefordert, in 100 Tagen 100 Kunden zu gewinnen und stellen Sie sich vor: Ich habe sogar mehr geschafft! Ich habe über 100 Kunden in 60 Tagen dazugewonnen und sie haben alle ein monatliches Programm abonniert – wie eine Zeitschrift! Mein Bonusscheck stieg innerhalb von fünf Monaten von 986 Dollar auf über 5.000 Dollar an. Ich werde meiner Freundin Ruth Johnson ewig dankbar sein, dass sie mir den Tipp mit Kim gegeben hat.“

– Mary Jane M., Take Shape for Life, 10.09.03

Diese Vorgehensweise erfordert, den größten Teil Ihrer bisherigen Vorgehensweise, wie Sie Menschen auf Ihr Produkt oder Ihre Dienstleistung ansprechen, radikal zu verändern. Aber das überrascht Sie nicht wirklich, oder?

> Einstein sagte einmal:
> „Die beträchtlichen Probleme, denen wir uns gegenüber sehen, können nicht auf der gleichen Ebene des Denkens gelöst werden, auf der wir uns befanden, als wir die Probleme schufen.“[1]

1 http://www.jokemonster.com/quotes/quotes/a/q130982.html

2

Hin zu einem neuen Leistungsniveau: Vier Vereinbarungen für Verkäufer

„Wenn Sie beginnen, Ihr Leben gemäß dieser Vereinbarungen zu führen, wird es sich in ganz erstaunlichem Maße verändern. Sie werden die Hölle vor Ihren Augen verschwinden sehen. Stattdessen werden Sie einen neuen Traum verwirklichen – Ihren persönlichen Traum vom Himmel."

Don Miguel Ruiz.

The Four Agreements, S. 23

Don Miguel hat das Leben von Millionen von Menschen verändert, die sein kleines Buch gelesen und die vier Lebensvereinbarungen mit sich selbst getroffen haben. Es gibt überall im Land kleine Gruppen, die regelmäßig zusammenkommen, um sich mit diesen vier Vereinbarungen auseinanderzusetzen und sich gegenseitig bei der Neuausrichtung ihres Lebens zu unterstützen.

Ich will hier auf Don Miguels Vereinbarungen nicht weiter

eingehen, denn sein Buch lässt sich schnell und einfach lesen.

Die vier Vereinbarungen, oder Selbstverpflichtungen, die ich Ihnen hier in diesem Buch vorstelle, richten sich an alle, die etwas verkaufen. Obwohl ich mir dessen bis jetzt gar nicht bewusst war, bilden sie die Grundlage für alle meine Leistungen im Verkauf – und anscheinend auch für die Leistungen aller erfolgreichen Verkäufer weltweit. Es sind Vereinbarungen, die ich unbewusst mit mir selbst darüber traf, wie ich mich am Markt verhalten und wie ich mit den Menschen umgehen wollte, die meine Kunden werden sollten. Diese vier Vereinbarungen bestimmten, wie ich meine Worte formulierte.

Die erste Vereinbarung bewahrte mir mein Selbstwertgefühl; die zweite stellte sicher, dass ich die wenigen guten Interessenten nicht versehentlich verlor; die dritte öffnete den Geist der Kaufwilligen und die vierte garantierte mir durchschlagenden Erfolg.

Sind Sie bereit?

3

Erste Vereinbarung: Die 9 von 10, die nicht kaufen – loslassen!

Die Wahrscheinlichkeit, einen Verkauf zu erzielen

Etwa einer von zehn Durchschnittsmenschen ist wirklich ein Kandidat für ein gutes Produkt oder eine gute Dienstleistung. Das heißt, dass neun von zehn einfach nicht kaufen – unabhängig davon, was Sie sagen, was Sie tun oder wer Sie sind. Das haben Sie ja sicher schon selbst herausgefunden, oder? ☹

Im Direktvertrieb gehen wir das Risiko ein, ständig viele *Neins* zu hören und zu spüren. Das kann einen regelrecht depressiv machen – oder man entwickelt eine regelrechte Telefonphobie, oder man gibt sich dem Alkohol hin.

Wie viel Prozent derjenigen, die Sie kontaktiert haben – Eltern oder Freunde, die Ihnen anfangs einen Gefallen tun wollten, nicht mitgezählt -, haben bei Ihnen etwas gekauft?

Die meisten, mit denen ich gesprochen habe, meinen, dass das Verhältnis bei eins zu zehn oder sogar eins zu zwanzig liegt.

☹ Deckt sich das mit Ihren Erfahrungen?

Diese Zahlen sind bei den großen Unternehmen, die Millionen in TV– und Radiowerbung stecken, noch weitaus schlechter. Aber im Gegensatz zu uns macht es diesen nichts aus, weil sie die ganzen *Neins* weder hören noch spüren. Sie haben keine persönlichen Kontakte zu ihren potenziellen Kunden.

Das Massenmarketing spricht ein größtmögliches Publikum an, damit sich die Werbung bereits gelohnt hat, wenn nur ein Bruchteil von einem Prozent der Angesprochenen positiv reagiert. Das letzte Meisterschaftsspiel im American Football, der *Super Bowl*, hatte über einhundert Millionen Zuschauer.[1] Die beliebte Fernsehserie *The Sopranos* hat es bisher auf 20 Millionen Zuschauer gebracht.[2]

Die Großunternehmen zahlen viel Geld für die Möglichkeit, ein solch großes Publikum zu erreichen. Für einen 60– Sekunden-Werbespot beim *Super Bowl* 2004 zahlten die Werbetreibenden ca. 2,3 Millionen Dollar.[3] Und dann kostet es noch einmal zwischen 500.000 und einer Million Dollar, solch einen Werbespot zu produzieren. Und wie viel Prozent dieser riesigen Zuschauergruppe marschieren dann wirklich los und kaufen die Frühstücksflocken oder die Computer, die sie in der Werbung sehen? Man kann es

---

1 New York Times, 02.03.2004, S. C5

2 Godin, S. (2003), S. 42.

3 New York Times , 2.3.04, S. C5

kaum glauben, es ist oft nur der Bruchteil eines Prozents – weniger als einer von 100, häufig nur einer von 1.000 oder sogar noch weniger. Doch wenn man für eine große Reichweite sorgt, können sich diese winzigen Prozentanteile in richtig viel Geld verwandeln.

Kaum eine Einzelperson verfügt über genügend Mittel, um die Millionen von Menschen zu erreichen, die nötig sind, damit wenigstens einige davon etwas bestellen oder im Laden kaufen. Aus diesem Grund ist der Direktvertrieb so beliebt.

Eine Frage an Sie: Als Sie sich dazu entschlossen, in den Direktvertrieb einzusteigen, wussten Sie da bereits über die Verhältniszahlen beim Verkauf Bescheid?

Wahrscheinlich konzentrieren Sie sich viel eher darauf – wie die meisten anderen Menschen auch – wie großartig Ihr Produkt oder Ihre Dienstleistung ist und wie sehr Ihre Mutter oder Sarah oder Tom es brauchen und wie toll es sein wird, wenn diese anfangen, es zu benutzen, richtig? Sie denken vielleicht sogar an all die übergewichtigen Menschen, die Sie nicht einmal kennen und an den großen Dienst, den Sie ihnen erweisen, indem Sie ihnen Ihr neues, großartiges Diätprodukt vorstellen. Juchhe!

Und dann sagen die meisten: „Nein, danke“. ☹

Die Menschen, die nicht kaufen

Was stimmt mit diesen Leuten eigentlich nicht??? Möchte denn nicht jeder abnehmen und mehr Energie haben? Oder kostenlose Ferngespräche führen? Oder sein Leben verändern, so wie auch Sie Ihres verändert haben? Was stimmt mit den 9 von 10 Leuten nicht, die Ihr Produkt nicht haben wollen, wo Sie doch klar erkennen können, dass diese es wirklich brauchen?

Hier ist die traurige Wahrheit über das Marketing. Seth Godin, Marketingguru und Autor des Bestsellers *Purple Cow* beschreibt diese Wahrheit so: *„Die meisten Menschen werden Ihr Produkt nicht kaufen. Entweder haben sie kein Geld, keine Zeit oder sie wollen es einfach nicht.“*[1]

Auch wenn diese Aussage stimmen mag, erscheint es doch fast unmöglich zu akzeptieren, dass Menschen, die unser Produkt brauchen und es sich leisten könnten, es dennoch nicht haben wollen. Die schlafen nachmittags um vier an ihrem Schreibtisch ein und trotzdem wollen sie etwas, das ihre Leistungsfähigkeit aufrecht erhält, nicht ausprobieren. Oder sie beschweren sich darüber, nicht in einen normalen Flugzeugsitz zu passen, sind aber dennoch nicht an einem neuen Diätprogramm interessiert.

1 Godin, S., S. 10

Oder sie beklagen sich über ihre viel zu hohe Telefonrechnung, sagen dann aber, dass sie doch lieber bei ihrer altgewohnten Telefongesellschaft bleiben wollen.

„Es muss wohl an mir liegen", denken sich die meisten Verkäufer dann. *„Vielleicht habe ich irgendeine wichtige Information ausgelassen. Entweder habe ich zu viel gesagt oder etwas Falsches, oder vielleicht habe ich mir nicht genug Zeit genommen.*

Was mache ich nur falsch???"

Nun, vielleicht gar nichts! Ich jedenfalls habe festgestellt, dass es für die neun Nichtkäufer nicht darauf ankam, was ich tat oder nicht tat. Bei fast allen schien der Grund darin zu liegen, dass sie einfach andere Werte und Prioritäten hatten und ich durfte das Gespräch für Gespräch lernen.

Nichtkäufer-Typ 1: Nicht auf seinem Radarschirm

Waren Sie bisher der Meinung, dass die Dinge, die Sie für wichtig halten, auch für andere von Bedeutung sind? Wie z.B. gut auszusehen, sich von Schmerzen zu befreien oder toll Tennis spielen zu können, bis Sie 96 sind. Deshalb erscheint es uns nur vernünftig zu erwarten, dass Menschen, die Übergewicht haben oder die viel älter aussehen, als sie sind, oder die sich oft müde und ausgelaugt fühlen, sich eigentlich darüber freuen müssten, etwas kaufen zu können, das sie besser aussehen oder sich besser fühlen lässt.

Schön wär's! Alle Menschen haben ihre eigene Prioritätenliste mit Dingen, die sie gern verändern möchten und die sie auf ihrem Radarschirm haben. Wenn ihr Radar diese Dinge ausfindig macht, kaufen sie sie. Dinge, die jedoch nicht auf ihrer Veränderungsliste stehen, sind auch nicht auf ihrem Radarschirm und die werden sie dann auch nicht kaufen.

Und wer will entscheiden, welche Liste richtig oder falsch ist? Es ist fabelhaft, wenn Ihr Produkt auf dem Radarschirm dieser Leute erscheint, falls aber nicht, dann heißt es ganz einfach: Tschüss! Wir haben nicht die Zeit, andere mitzuschleifen oder zu therapieren. Wie wollen sie es sonst jemals in diesem Leben schaffen?

John T. zum Beispiel ist 48, in guter gesundheitlicher Verfassung und aus der Zeit, in der er Fußball gespielt hat, körperlich immer noch recht fit. Wir treffen uns mit ihm in einem Café, wo er mit seiner sympathischen Frau Julie genüßlich einen *Caffè latte* genießt und in ein Mandelhörnchen beißt. Das Thema Gesundheit und Gewicht kommt zur Sprache. John, zärtlich seinen Bauch tätschelnd, sagt sofort: „Ein Vorteil davon, es nach oben geschafft zu haben, ist, dass ich öfter hierher (mit einer ausholenden Bewegung auf das Café zeigend) kommen kann. Ich bin verheiratet, plane keine Affären und ich kann jetzt essen und trinken, was ich will. Ich übertreibe es nicht damit, aber ich nehme das hier in Kauf (tätschelt seinen Bauch), um all dies tun zu können." Er lächelt verschmitzt seine schlanke Frau an und tunkt sein Hörnchen in seinen *Latte.*

Inwiefern ist John ein guter Kandidat für Sie, wenn Sie für ein Gewichtsabnahmeprogramm oder ein Diätprodukt werben? *Er steht für die 9 von 10, die Ihr Schlankheitsprogramm nicht kaufen werden.*

Jetzt müssen Sie sich entscheiden: Möchten Sie John bekehren, oder wollen Sie nicht lieber Kunden finden, die genauso über Übergewicht denken wie Sie?

Nichtkäufer-Typ 2: Immer noch auf seiner Ärgerliste

Menschen haben zwei offene Listen im Kopf: die Veränderungsliste und die Ärgerliste.

Auf der Ärgerliste eines Menschen stehen die Dinge, über die er sich oft beschwert, über die er jammert oder witzelt und wegen welcher er sich manchmal sogar schwere Selbstvorwürfe macht. Aber ansonsten unternimmt er nur wenig oder nichts dagegen. Auf der Veränderungsliste eines Menschen stehen die Dinge, die er in Angriff genommen hat.

Testen Sie sich selbst. Was stand letztes Jahr auf Ihrer

Veränderungsliste, das Sie bewältigt haben? Listen Sie diese Dinge hier auf und klopfen Sie sich für die geschaffte Veränderung auf die Schulter!

DIE ERFOLGE VON MEINER VERÄNDERUNGSLISTE

____
(letztes Jahr)

☺ ______________________________

☺ ______________________________

☺ ______________________________

Was steht auf Ihrer Ärgerliste? Schreiben Sie diese Dinge hier auf. *Aber denken Sie bitte daran: Machen Sie sich keine Vorwürfe, dass Sie sie nicht verändert haben. Diese standen schließlich nicht auf Ihrer Veränderungsliste.*

MEINE ÄRGERLISTE

☹ ______________________________

☹ ______________________________

☹ ______________________________

☹ ______________________________

☹ ______________________________

☹ ______________________________

☹ ______________________________

Wählen Sie nun ein Element aus, das Sie von Ihrer Ärgerliste in Ihre Veränderungsliste übernehmen möchten.

Markieren Sie es mit einem großen Sternchen und warten Sie gespannt ab, was passieren wird.

Eine Geschichte über das Luftablassen

Vor ein paar Monaten hörte ich in einem Wellness-Resort in Mexiko eine Frau sagen, wie sehr sie das warme Wetter dort liebt und die kalten, windigen Winter in Chicago hasst, wo sie seit 20 Jahren lebt. „Ich kann nicht glauben, dass ich immer noch dort wohne“, meinte sie. „Ich hasse den Wind und die Kälte und jeden Winter sage ich mir, dass ich irgendwohin ziehen muss, wo es wärmer ist. Doch im nächsten Winter bin ich immer noch da. Was stimmt mit mir nicht? Ich sage mir das jedes Jahr und leide dann, weil ich immer noch in Chicago bin!“

Ich freute mich, ihr möglicherweise helfen zu können und warf ein, dass Chicago vielleicht nur auf ihrer Ärgerliste stand. Muss nicht jeder seinem Ärger irgendwie Luft machen? Dies war solch ein Fall. Wenn sie wirklich dazu bereit wäre, etwas zu unternehmen, sagte ich ihr, würde sie es auf ihre Veränderungsliste setzen und dann würde sie auch etwas tun. Weiter riet ich ihr: „In der Zwischenzeit machen Sie ruhig Ihrem Ärger Luft. Ab und zu Dampf abzulassen tut der Seele gut. Aber machen Sie sich keine Vorwürfe mehr, denn jetzt wissen Sie ja, auf welcher Liste es steht.“

Sie strahlte und sagte, sie fühle sich jetzt viel besser. Jetzt könne Sie in Ruhe Luft ablassen und sie würde noch diese Woche entscheiden, ob sie es auf ihre Veränderungsliste setzen will oder nicht.

Als sie ein paar Tage später abreiste, winkte sie mir zu und sagte: „Ich habe mich entschieden, Chicago zu verlassen auf meine Veränderungsliste zu setzen. Ich habe schon angerufen und meine Wohnung inseriert. Ich werde hier eine Stelle annehmen. Herzlichen Dank!"

Natürlich entwickeln sich die Dinge nicht immer so. Wie viele von Ihnen sind schon von Leuten enttäuscht worden, die sich über bestimmte Dinge beschwerten und wenn sie dann durch Ihr Programm oder Produkt die Möglichkeit erhielten, daran etwas zu verändern, dann haben sie nicht angebissen? Was meinen Sie: Auf welcher Liste stand das wohl? Und wer, meinen Sie, entscheidet, auf welcher Liste es steht? Sie? Oder die anderen? Grrrrrr!

Aktuellen Studien zufolge sind 64% aller Amerikaner übergewichtig oder fettleibig. Fragen Sie sich: Wie viele dieser Leute unternehmen Ihrer Meinung nach aktiv etwas, um ihr Gewichtsproblem anzugehen, anstatt sich nur darüber zu ärgern? Bei wie vielen steht das Gewichtsproblem lediglich auf ihrer Ärgerliste? Das sind ein paar weitere von den 9 der 10, die nicht anbeißen werden.

Können Sie diese Statistik akzeptieren? Dass 9 von 10, die vorher nicht angebissen haben, es jetzt wahrscheinlich auch nicht tun werden, ganz unabhängig davon, wie großartig Ihr Produkt oder Ihre Dienstleistung ist?

Wenn ja, dann nehmen Sie sich jetzt eine Minute Zeit und treffen Sie die erste Vereinbarung – Ihre erste Selbstverpflichtung.

Erste Selbstverpflichtung

Die 9 von 10,
die nicht kaufen –
loslassen.

Schließen Sie die Augen
und sagen Sie es laut und
von ganzem Herzen.

4

Zweite Vereinbarung: Kein Verkäuferjargon mehr

Also, was ist mit dem einen von zehn, der für Ihr Angebot offen ist? Woher wissen Sie, wer es ist? Und wie gehen Sie sicher, diesen einen nicht versehentlich zu verlieren?

Viele Menschen haben mir berichtet, dass sie ganz sicher einen oder zwei potenzielle Kunden verprellt haben, weil sie zu viel geredet oder weil sie das Falsche gesagt hatten. Ist Ihnen das auch schon passiert? Hmm. Hier kommt ein Rat von den Größten und Klügsten der Werbebranche.

> Am 21. Mai 2003 stellte die Tageszeitung *USA Today* der neuen Chefin einer der weltgrößten Werbeagenturen, *Young & Rubicam* (Y&R), folgende Frage: *„Die größte Herausforderung in diesem [Werbe-]Geschäft ist das Kreieren von Botschaften, mit denen Verbraucher als Kunden gewonnen werden sollen. Wie sehen Sie das?"*
>
> Ann Fudge, die Vorsitzende von Y&R, mit Kunden

wie Ford, Sears, AT&T und anderen Großunternehmen, antwortete:

„Wir müssen uns stets in die Lage des Verbrauchers versetzen. Es geht nicht darum, was wir denken, sondern darum, was der Verbraucher denkt.“

Sind Sie damit einverstanden? Dass die Meinung des Verbrauchers über ein Produkt oder eine Dienstleistung wichtiger ist als das, was der Anbieter (oder die Werbeagentur) darüber denkt?

Gut.

Dann stellt sich doch folgende Frage: Wie versetzen wir uns in die Lage eines Verbrauchers, wenn wir der Verkäufer sind? Das ist nicht so einfach.

Überlegen Sie mal:

Merken Sie es nicht auch sofort, wenn jemand wie ein Verkäufer klingt? Fühlen Sie sich davon angezogen oder eher abgestoßen?

Den allermeisten von uns geht es so, dass wir nicht mehr hinhören, sobald ein Verkäufer den Mund aufmacht. Es scheint so zu sein, dass es jeder sofort merkt, wenn ein Verkäufer zu reden oder zu schreiben anfängt, weil sie sich alle gleich ausdrücken. Verkäufer und Werbeleute haben ihre eigene Sondersprache entwickelt – ich nenne das den „Verkäuferjargon“. Er ist ebenso leicht zu erkennen wie Kindersprache.

Und anscheinend will auch jeder von uns diesem Verkaufsgeschwafel so rasch wie möglich entkommen, geht es Ihnen nicht auch so?

Es gibt mittlerweile sogar Geräte, mit denen sich die Werbeblöcke im Fernsehen einfach ausblenden lassen, doch im wirklichen Leben lässt sich ein Gesprächspartner nicht einfach wegzappen. Stattdessen schalten die Leute innerlich auf einen anderen Sender um und sie versuchen, den Verkäufer irgendwie loszuwerden. Haben Sie das nicht auch schon einmal getan?

„Was machen Sie beruflich?“, fragen Sie zum Beispiel jemanden bei irgendeinem Meeting und aus der Angesprochenen quillt es förmlich heraus: „Ich bin Wellness-Beraterin. Wir vertreiben einzigartige, patentierte, wissenschaftlich erprobte Nahrungsergänzungspräparate.“

Was würden Sie jetzt am liebsten tun? …

Nun, die anderen tun dasselbe, wenn SIE sich im Verkäuferjargon ausdrücken wollen. Ihre Gesprächspartner schalten innerlich ab und das kann man förmlich spüren, oder? Sie ziehen Ihre Show ab und auf einmal werden die Augen Ihres Gesprächspartners glasig. Das ist ein untrügliches Zeichen, dass er hektisch darüber nachdenkt, wie er Sie höflich (meistens jedenfalls) wieder loswerden kann. Er sagt dann: „Oh, wie schön. Was gibt es eigentlich zu essen?“ Oder: „Ich muss kurz zur Toilette. Reden wir doch nachher weiter.“ Am Telefon kann es Ihnen passieren, dass jemand, der Sie nicht kennt, sogar einfach auflegt. Und das war‘s dann.

Die meisten Menschen laufen vor Verkäufergeschwafel davon. Es ist fast so, als ob wir auf einmal Körpergeruch oder einen unerträglich schlechten Atem haben. Das ist vielleicht der Grund, warum viele meiner Kursteilnehmer zugeben, sich vor der Frage nach Ihrer Tätigkeit zu fürchten und deswegen auch nicht zu Selbständigen-Meetings gehen. Schließlich will ja niemand für seinen penetranten Körpergeruch bekannt sein ...

Wie können Sie Ihre Produkte oder Dienstleistungen vertreiben, ohne sich mit dem „Verkäufer-Körpergeruch“ anzustecken?

Hier sind drei Anzeichen für Verkäuferjargon.

Erkennen Sie sie?

Wie sich Verkäufer verraten:

1. **Verallgemeinerungen**

   Verallgemeinerungen sind Wörter oder Sätze, die niemand Besonderen ansprechen. **Wenn die Worte, die Sie benutzen, keinen speziell ansprechen, wer soll dann darauf reagieren?** …

   Zum Beispiel: *„Ich vertreibe Gesundheits- und Wellness- Produkte."* Oder *„Ich bin in der Telekommunikationsbranche tätig."*

   Lässt einen irgendetwas daran hellhörig werden? Will man da unbedingt mehr erfahren? Oder lösen diese Worte nicht eher eine Reaktion aus wie: „Ach, das ist ja interessant" oder „Na und?" Und man widmet sich sofort etwas Wichtigerem, wie zum Beispiel der Frage, was es zu essen gibt.

   Langweilige, uninteressante, abstrakte Wörter wie „Gesundheit" oder „Ernährung" erzeugen bei niemandem eine besondere Vorstellung oder positive Gefühle; sie sind einfach nur Worthülsen, Blabla. Vage Ausdrücke wie „natürliches Gesundheitsprogramm" oder „Gewichtsverlustprogramme" oder „Kommunikationssystem" sind auch total uninteressant, finden Sie nicht? Wenn Sie solche Ausdrücke lesen oder hören, löst das in Ihnen etwa den Wunsch aus, unbedingt mehr darüber erfahren zu wollen?

Verallgemeinerungen zeigen keine Wirkung; sie hinterlassen keinen Eindruck. Niemand schenkt ihnen Beachtung und deswegen wird auch niemand etwas kaufen.

2. **Fachchinesisch**

Das ist Ihr Unternehmensjargon, Ihre Insidersprache, wie z. B. „patentierte, wissenschaftlich erprobte Nahrungsergänzungspräparate" – das sind Wörter, die ein 13-Jähriger nicht versteht. Technische Produktbezeichnungen oder der Name ihres Unternehmens sind Wörter, die Verkäufer gerne verwenden, die einen normalen Verbraucher aber kalt lassen.

Sie als Verbraucher würden diese Ausdrücke ja auch nicht in den Mund nehmen. Wer von Ihnen würde in einen Laden gehen und sagen: *„Ich möchte bitte ein erprobtes, einzigartiges, patentiertes Nahrungsergänzungspräparat"*? Wie viele Menschen AUSSERHALB Ihres Unternehmens haben jemals schon seinen Namen gehört? Der Name Ihrer Firma und die wissenschaftliche Untermauerung Ihres Produkts sind für die meisten Verbraucher einfach nur Fachchinesisch.

Denken Sie an das, was Ann Fudge sagte: „Es geht nicht darum, was wir denken, sondern darum, was der Verbraucher denkt."

Namen oder gar die wissenschaftlichen Bezeichnungen von Krankheiten sind Fachchinesisch; deren Symptome sind es jedoch nicht. Zum Beispiel wissen die allerwenigsten, was

Fibromyalgie ist oder wie man sich damit fühlt. Allerdings identifizieren sie sich leichter mit schmerzenden Muskeln und bleierner Müdigkeit beim Aufstehen. Symptome zu beschreiben, lässt den Kunden meist eher auf das horchen, was Sie noch zu sagen haben; eine Krankheit beim Namen zu nennen, tut dies in den meisten Fällen nicht.

Krankheiten zu benennen bringt Sie auch in Gefahr, medizinische Behauptungen aufzustellen. Manche Menschen erzählen phantastische Geschichten über die Heilung von Krankheiten wie Krebs oder Schizophrenie und wollen anderen ebenfalls die Möglichkeit geben, von den Toten aufzuerstehen. Es ist trotzdem besser, diesen Enthusiasmus zu zügeln, wenn Sie jemanden zum ersten Mal ansprechen und dies aus mehreren Gründen:

Erstens sind Sie ein Verkäufer und Ihre Glaubwürdigkeit ist per Definition fragwürdig – unabhängig vom Wahrheitsgehalt Ihrer Geschichte.

Zweitens sind alle Menschen verschieden und Sie wissen nie, ob der Körper eines anderen genauso reagiert wie Ihr eigener oder ob ein anderer das Produkt genauso anwenden wird wie Sie, oder ob vielleicht völlig unterschiedliche Lebensumstände zu berücksichtigen sind.

Und drittens sind nur Ärzte befugt, Krankheiten zu behandeln. Tun Sie es, könnte Ihnen vorgeworfen werden, dass Sie ohne Erlaubnis praktizieren. Das ist zwar unwahrscheinlich, aber jedes Unternehmen geht dieser Gefahr sorgsam aus dem Weg.

3. **Übertreibungen**

Das sind unglaubwürdige Behauptungen, die zu hoch geschraubt oder übertrieben sind oder maßlos klingen, oder auch irreführende Tricks. Welcher vernünftige Verbraucher würde darauf reagieren?

Ich weiß, dass keiner meiner Leser absichtlich übertreibt. Aber was, wenn Sie es unbewusst tun? Als Verkäufer muss man aufpassen, was man sagt. Sie sollten so manches nicht sagen, was Sie sagen könnten, wenn Sie mit Ihrem Produkt kein Geld verdienen würden.

Angenommen, Sie haben durch Ihr Produkt Ihr altes Leben und Ihre Gesundheit zurückerhalten. Solange Sie daran kein Geld verdienen, können Sie alles sagen, was Sie wollen und niemand wird es als Übertreibung auffassen. Das ist dasselbe, wenn Sie ein Restaurant weiterempfehlen, solange Sie nicht dessen Besitzer sind. Aber sobald Sie nun der Verkäufer des Produktes sind, das Ihnen so sehr geholfen hat, werden dieselben Aussagen als übertrieben wahrgenommen. Die Tatsache, dass es Ihnen dabei auch ums Geldverdienen geht, verringert automatisch Ihre Glaubwürdigkeit und die anderen werden misstrauischer. Häufig wird man sich einfach von Ihnen abwenden.

Beim Verkaufsgespräch sind es drei Dinge, die beim Verbraucher den Eindruck einer Übertreibung erwecken: Versprechungen, Angeberei und Prahlerei.

4. **Versprechungen**

Behauptungen oder Vorhersagen sind die Versprechen, die Verkäufer über den Nutzen ihrer Produkte oder Dienstleistungen machen.
Zum Beispiel: „Das wird Sie vor Krebs schützen." Oder: „Damit sparen Sie 50%." Oder: „Damit sind Sie in wenigen Wochen Ihre Beschwerden und Schmerzen los."
Oder: „Sie werden Ihre Medikamente absetzen können."
Oder: „Sie werden die beste auf dem Markt erhältliche Nahrungsergänzung bekommen."
Das sind ganz einfach Versprechen, die ein Verkäufer abgibt, ohne über seinen Interessenten irgend etwas zu wissen, bzw. Behauptungen über ein Ergebnis, auf das er keinen Einfluss hat.
Kürzlich erhielt ich einen Anruf von einem Telefon-verkäufer, der das Gespräch folgendermaßen eröffnete: *„Hallo Frau Klaver, ich kann Ihnen sagen, wie Sie 50 Prozent Ihrer Telefonrechnung einsparen können. Sind Sie interessiert?"*
Mein erster Gedanke war: Das ist ein totaler Anfänger. Wie will er wissen, ob meine Telefonrechnung nicht bloß zehn Dollar beträgt? Und selbst wenn er meinen Namen aus einer Liste mit Vieltelefonierern hatte, so konnte er immer noch nicht wissen, wie viel ich bezahle. Woher also wollte er wissen, dass er mir sparen helfen kann? Und warum gerade

50 Prozent? Vielleicht wäre ja noch viel mehr drin!

Wer kann schon sagen, was auf der Veränderungsliste eines Menschen steht, wie seine Lebensumstände sind oder wie sein Körper auf ein Produkt reagieren wird? Wer kann schon die Zukunft vorhersagen? Alles leere Versprechungen, nichts weiter als leerer Rummel.

5. **Angeberei**

Auch wenn ein Verkäufer wirklich glaubt, sein Produkt sei das allerbeste in der gesamten Menschheitsgeschichte: Solch eine Behauptung klingt für einen Verbraucher wie pure Angeberei. Wenn ein Produkt mein Leben verändert hat, dann ist es ganz natürlich, dass ich es für das beste auf der Welt halte, aber die Frage ist: **Wird mein Interessent mir glauben, oder wird er denken, dass ich nur angeben will?**

Die Verbraucher fühlen sich abgestoßen, wenn ein Verkäufer solche Aussagen macht wie: *„Dies ist das Spannendste, Fantastischste, Erstaunlichste, Wunderbarste, Günstigste, qualitativ Hochwertigste, das es auf dem Markt gibt."* Das Gleiche gilt, wenn wir über unser Unternehmen sprechen. *„Dieses Unternehmen kümmert sich um Sie." „Die Ärzte in unserem Beratergremium sagen, das ist das beste Produkt, das die Welt jemals gesehen hat."*

Sagt das nicht jeder über sein Produkt?

Wenn das JEDER sagt, was unterscheidet Sie dann noch

von den anderen?

Schlimmer noch, nur die allerwenigsten Menschen werden Ihnen glauben. Und warum nicht? Weil sie sich darüber im Klaren sind, dass diese Ärzte von dem Unternehmen bezahlt werden oder dass sie das Produkt entwickelt haben. Was sonst also sollten sie auch sagen? Das sind doch nur bezahlte Forscher, die von den Herstellern der Produkte, die sie erforschen, finanziert werden. Ihre Meinungen werden gekauft und deshalb sind sie suspekt.

6. **Prahlerei**

Prahlerei ist auch eine Form der Übertreibung. Verkäufer prahlen, wenn sie Superlative oder Sprüche von sich geben wie:

- „Das ist das Beste oder das am meisten …“
- „Das wird Sie total umhauen …“
- „Das löst Ihr Problem sofort“.

In schriftlicher Form, sei es gedruckt oder online, kommt zu den Sprüchen auch noch eine Aufmachung wie in der Boulevardpresse hinzu:

- Zu rot
- Zu fett
- Ausrufezeichen
- Unangebrachte Verwendung von Großbuchstaben

In einem sehr bekannten Lehrbuch zum richtigen Schreibstil heißt es:
„Wenn Sie übertreiben, ist der Leser sofort auf der Hut und alles, was der Übertreibung vorausgeht und darauf folgt, wird ihm suspekt sein, weil er Ihrem Urteilsvermögen oder Ihrer inneren Einstellung nicht mehr vertraut.“[1]

Dieselben warnenden Worte standen im *„Business Digest“* der *New York Times* vom 22. Dezember 2003:
„*Partners for Hologenix*, ein Unternehmen, das Kleidung aus einer besonderen Faser herstellt, die Schmerzen und Beschwerden zu lindern verspricht, hat ein Marketingproblem. Diese Faser namens *Holofiber* ist teuer und das Geschäft mit der daraus hergestellten Kleidung läuft nicht besonders gut. Darin liegt eine lehrreiche Geschichte für jeden, der versucht, ein Produkt als ‚wissenschaftlichen Durchbruch‘ zu vertreiben, leben wir doch in einer Zeit, in der Aussagen wie ‚völlig neuartig‘ oder ‚revolutionär‘ zunehmend auf taube Ohren stoßen...“

Gegen Versprechungen, Angeberei und Prahlerei sprechen drei Gründe.

1. Können Sie persönlich die Erwartungen erfüllen, die Sie in Ihrem Kunden aufgebaut haben?

1 Strunk and White, S. 73

2. Macht nicht jeder Verkäufer die gleichen Aussagen und Versprechen über sein Produkt?
3. SELBST WENN Ihre Aussagen zutreffen, verlieren Sie doch sofort an Glaubwürdigkeit, sobald Ihr Gegenüber herausfindet, dass Sie dieses Produkt verkaufen.

Überlegen Sie einfach einmal, wie Sie reagieren würden, wenn Sie mit jemandem zu Mittag essen, der Ihnen etwas über ein Produkt vorschwärmt und dann finden Sie heraus, dass er es verkauft. Was halten Sie nun von seinem Wortschwall?

So antworteten meine Kursteilnehmer:

- „Ich würde mich ausgenutzt fühlen."
- „Manipuliert."
- „Angelogen."
- „Ich war ihm überhaupt nicht wichtig. Er wollte mir nur sein Produkt verkaufen."

Wenn Sie nicht gleich zu Anfang klarstellen, dass Sie das Produkt auch vertreiben, wird Ihr Gesprächspartner, wenn er später dahinterkommt, alles in Frage stellen, was Sie über die Vorzüge des Produkts gesagt haben. Selbst wenn alles Gesagte der Wahrheit entspricht, wird auf einmal selbst die Wahrheit fragwürdig.

Beispiele für Verkäuferjargon

Hier sind einige der vielen hundert unbearbeiteter Gesprächsvorlagen, die mir meine Kursteilnehmer geschickt haben – mit dem, was sie gesagt haben, um Kunden zu gewinnen, bevor sie an meinem Kurs teilnahmen.

In jedem Kurs hatten wir einen Wettbewerb um den schlechtesten Gesprächsleitfaden. (Der Gewinner bekam ein kostenloses Buch oder Audioset.)

Wenn einer meinte, er hätte den schlechtesten, dann bestand gleich jemand anderes darauf, dass seiner noch schlimmer war und dann hatte wieder ein anderer Teilnehmer einen noch viel schlechteren zu bieten. Es gab viel zu lachen.

Lassen Sie sich von jemand anderem diese Texte laut vorlesen und achten Sie auf Ihre Reaktionen.

Fragen Sie sich während des Anhörens: „Lässt mich das aufmerksam und hellhörig werden?“ Damit versetzen Sie sich selbst in den Verbrauchermodus.

Das ist die Situation:

Ein Verkäufer und ein potenzieller Kunde treffen sich. Nach den üblichen Begrüßungsfloskeln geht das Gespräch folgendermaßen weiter:

Verbraucher 1: Also, was machen Sie?

Verkäufer 1:

Ich betreibe mein Geschäft von zu Hause aus. Ich informiere die Menschen darüber, wie sie ihr Immunsystem mit Glyconutritionalien schützen und stärken können. Das sind dieselben Nährstoffe wie in der Muttermilch und wir sollten sie ständig über unsere Nahrung aufnehmen, aber wir tun es nicht. Daher die zunehmende Verbreitung von Autoimmunkrankheiten wie Krebs usw.

Verbraucher 2: Was machen Sie?

Verkäufer 2:

Ich bin in der Wellness-Branche. Wir vertreiben Produkte, die den Menschen helfen, gesund zu werden und es auch zu bleiben.

Verbraucher 2: Was verkaufen Sie?

Verkäufer 2:

Ich vertrete ein Forschungs– und Entwicklungsunternehmen auf dem neuesten Stand der wissenschaftlichen Technologie. Es hat jetzt entdeckt, wie die Zellen miteinander kommunizieren. Die Produkte, die wir vertreiben, erlauben dem Körper, so zu funktionieren, wie es von Gott vorgesehen ist, d. h. Krankheiten zu bekämpfen, gesund zu werden und gesund zu bleiben.

Verbraucher 3: Was machen Sie?

Verkäufer 3:

Ich helfe Menschen, Lösungen für ihre Probleme zu finden und zwar durch sichere, natürliche und wirksame Produkte aus Gottes reiner Schöpfung.

Verbraucher 3: Was verkaufen Sie?

Verkäufer 3:

Ich verkaufe ein ganzes Sortiment sicherer, natürlicher und wirksamer Produkte zur Gesundheitspflege, Haushaltsreinigung, Körperpflege, Luft– und Wasserreinhaltung.

Verbraucher 4: Was machen Sie?

Verkäufer 4:

Ich bin Wellness-Coach. Ich bringe den Menschen bei, wie man auf dem Wellness-Markt kluge Entscheidungen trifft.

Verbraucher 4: Was verkaufen Sie?

Verkäufer 4:

Ich habe mich für die Produkte von Unternehmen X entschieden, weil sie die höchsten Standards in der Wellness-Branche bezüglich Reinheit, Kraft und Wirksamkeit verkörpern.

Verbraucher 5: Was machen Sie?

Verkäufer 5:

Ich vertreibe Produkte, die unterbewusst erworben und gewohnheitsmäßig konsumiert werden. Mary, das Aufregende an unserem Geschäft ist, dass die Kunden unsere Produkte schon benutzen. Alles, was wir tun müssen, ist sie zu bitten, unseren Markenartikel für 90 Tage auszuprobieren, vor allem, wenn sie von der Idee angetan sind, dass sie damit auch viel Gutes tun können und zwar nicht für irgendeinen Sportler oder Filmstar, der seine beste Zeit schon lange hinter sich hat. Oh ja, unser Service reicht von Ortsgesprächen bis hin zum Highspeed-Internet, unserem neuesten Produkt …

Hatten Sie das Bedürfnis, irgendetwas von dem Gehörten zu kaufen? Wurde Ihr Blick glasig? Wanderte Ihre Aufmerksamkeit ab? Den Verfassern dieser Texte machte es nichts aus, den Preis für die schlechteste Gesprächsvorlage in ihrem Kurs zu erhalten, denn sie wussten ja, dass sie sich eine ganz neue gestalten würden.

Und zusätzlich haben sie noch einen Preis gewonnen!

Übung: Sehen Sie sich die drei Dinge noch einmal an, durch die sich Verkäufer verraten (im Kasten hier unten). Dann streichen Sie alles durch, was Sie an Verkäufergeschwafel in den obigen Texten finden.

Was bleibt dann noch übrig?

Wie sich Verkäufer verraten

1. **Verallgemeinerungen**
   (allgemeine, vage, unbestimmte, abstrakte Aussagen, die niemand im Besonderen ansprechen)

2. **Fachchinesisch**
   (Bezeichnungen von Produkten, Unternehmen, Krankheiten; Fachausdrücke)

3. **Übertreibungen**
   Versprechungen
   Angeberei
   Prahlerei

Sind Sie jetzt bereit, die zweite Selbstverpflichtung einzugehen?

Zweite Selbstverpflichtung

**Kein
Verkäuferjargon
mehr.**

*Schließen Sie die Augen
und sagen Sie es laut und
von ganzem Herzen.*

5

Dritte Vereinbarung: Setzen Sie IHREN EIGENEN Hot-Button ein

Wie erreichen wir diesen einen besonderen von zehn Menschen, der unser Produkt kaufen würde, wenn er nur wüsste, was es ihm bringen kann?

Zuerst müssen wir sicherstellen, dass wir ihn nicht abschrecken. Das heißt, wir müssen uns an unsere zweite Vereinbarung halten. Unser neues Mantra heißt „Kein Verkäuferjargon mehr" und wir passen von nun an auf wie ein Luchs, damit sich kein Verkaufsgerede mehr aus alter Gewohnheit einschleicht.

Machen Sie sich aber keine Sorgen, wenn Sie ab und zu immer noch ein wenig wie ein Verkäufer klingen. Das kann passieren. Es sind nur die Überbleibsel einer Gewohnheit, die langsam aber sicher verschwindet, je mehr Sie die zweite Selbstverpflichtung verinnerlichen. Es mag eine Weile dauern, aber bald wird sie Ihnen in Fleisch und Blut übergegangen sein und Sie werden erkennen, dass die Menschen, die nicht auf Sie reagieren, eben die neun von zehn sind, die sowieso nichts von Ihnen kaufen würden. Jedenfalls im Moment noch nicht.

Wenn wir bei unserer Produktpräsentation jeglichen Verkäuferjargon vermeiden, bleibt uns oft nichts mehr zu sagen! Testen Sie das einmal an Ihrem eigenen Text für Ihre Produktpräsentation: Streichen Sie alle Wörter und Ausdrücke durch, die Verallgemeinerungen, Fachchinesisch oder Versprechungen sind.

Was bleibt dann noch übrig ??? Genau ...

Was sollten wir also stattdessen sagen? – Das Gleiche wie sonst auch, wenn wir die Aufmerksamkeit eines Menschen gewinnen wollen. Wir sprechen ihn persönlich an.

Stellen Sie sich eine Gruppe von Menschen in Ihrem Wohnviertel vor, der sie zurufen: „Alle die ‚Harry' heißen, bitte vortreten!" Wenn Sie den Namen Harry laut und deutlich aussprechen, würden dann nicht alle Harrys vortreten und sich fragen, was Sie für sie wohl auf Lager haben?

Würden Sie auch eine Reaktion von denen erwarten, die Tom heißen? Vielleicht würden ja auch ein paar Toms nach vorne kommen, um zu sehen, was es für die Harrys gibt und um gegebenenfalls auch dabei sein zu können. Wenn Sie nach „allen mit Schuhgröße 43" oder „allen Beziehern von Ökostrom" fragen, meinen Sie nicht, dass die Leute mit Schuhgröße 43 und die Ökostrom-Enthusiasten aufhorchen würden, neugierig, warum sie wohl ausgewählt wurden? Vielleicht fühlen sie sich sogar als etwas Besonderes.

Die Menschen lassen sich in viele verschiedene Gruppen einteilen: in Katholiken, in Rothaarige, in Menschen, die eine Alternative zu Medikamenten suchen oder die Gelenkschmerzen haben usw.

Okay, sagen Sie jetzt. Das macht Sinn, aber wie können wir jemanden persönlich ansprechen, wenn wir nicht wissen, zu welcher Gruppe er gehört? Das stimmt. Das ist verzwickt. Doch es gibt einen Weg.

Vergessen Sie die Hot-Buttons der anderen!

Sie haben sicher bereits davon gehört, dass Ihre Aufgabe im Direktvertrieb darin besteht, den Hot-Button eines Interessenten herauszufinden, also das eine, wichtige Thema, auf das er anspricht. Dann brauchen Sie diesen Hot-Button nur noch zu „drücken", um einen Verkauf abschließen zu können. Möglicherweise handeln Sie so nicht nur bei Ihrer Vertriebstätigkeit, sondern auch im Alltag, wenn Sie möchten, dass jemand etwas tut, worauf er keine Lust hat: Wenn Sie Ihre heranwachsende Tochter dazu bringen möchten, ihr Zimmer aufzuräumen, oder ihren Mann dazu motivieren wollen, während Ihrer Arbeitszeit als Babysitter zu fungieren, wählen Sie als Bestechungsmittel doch sicher etwas, das diesen gefällt, oder?

Manche Unternehmen bringen ihren Vertriebsmitarbeitern eine Strategie bei, die helfen soll, den Hot-Button einer Person herauszufinden. Das funktioniert so: Man beginnt ein Gespräch über Familie, Beruf, Freizeit oder Geld. In einem dieser Themen liegt der Hot-Button des Gegenübers verborgen, etwas, worüber er gerne spricht. Das ermöglicht es uns dann, dieses Interesse in das Verkaufsgespräch über unser Produkt oder unsere Dienstleistung einzuflechten. Wenn man den Hot-Button seines Gesprächspartners herausgefunden hat, braucht man diesen Knopf dann nur noch zu drücken, um einen Verkauf zu machen.

Eine Frau im Kurs gestand: *„Es macht mir keine Freude mehr, neue Menschen kennenzulernen. Ich fühle mich dabei wie ein Piranha. Ich befürchte, dass sie in mir nur einen Raubfisch sehen, der sie sich schnappen will."*

Warum? Weil sie tief in ihrem Inneren wusste, dass sie sich eben wie ein Piranha verhielt. Sie war sich des wahren Grundes bewusst, warum sie mit den Menschen sprach und sie wusste, dass es keine saubere Sache war. Und natürlich muss der Piranha irgendwann seine Zähne zeigen – sie musste zugeben, dass sie etwas verkaufen wollte. Der ganze Kurs fühlte mit ihr, denn vielen erging es genauso.

Stellen Sie sich einmal folgende Szene vor: Nehmen wir an, Sie sind ein Tierfreund, vielleicht sogar im Tierschutz aktiv. Sie lernen jemanden kennen und freunden sich mit diesem Menschen an. Sie telefonieren miteinander, Sie treffen sich im Café usw. Bei einem Mittagessen erzählt Ihnen Ihr neuer Bekannter begeistert, wie sehr er sich auf einen bevorstehenden Jagdausflug freut.

Wie werden Sie als Tierfreund auf jemanden reagieren, der das Töten von Tieren als einen Sport betrachtet? Und Sie haben gerade drei Wochen investiert, um sich mit dieser Person anzufreunden – für Ihr Geschäft! Grrrrr.

Jetzt kommt die gute Nachricht: Vergessen Sie einfach die Hot-Buttons anderer Menschen. Was halten Sie davon, wenn wir stattdessen IHREN Hot-Button herausfinden? Etwas, das für SIE wichtig ist, etwas, das in IHREM Leben passierte und das den

Ausschlag dafür gab, dass Sie von Ihrem Produkt so begeistert sind?

Ihr eigener Hot-Button

„Wie kann MEIN Hot-Button einen anderen Menschen entzünden?“, fragen Sie sich jetzt sicher. Das geht ganz einfach, genau so, wie wenn die Leute, die denselben Namen haben wie Sie, hellhörig werden, sobald ihr gemeinsamer Name erwähnt wird.

Auf eine Mary, die nach anderen Marys fragt, werden eben alle Marys reagieren. Olivia wird die Olivias bekommen und Harry wird die Harrys bekommen. Haben Sie nicht auch sofort eine Beziehung zu jemandem, der den gleichen Vornamen wie Sie trägt? Und es gibt noch viele andere mögliche Labels für Sie, die ein ebenso sicherer Hot-Button sind wie Ihr Vorname.Wir werden Ihnen Wörter und Formulierungen vorschlagen, die Ihren Hot-Button genau beschreiben, damit sich andere Menschen damit identifizieren und genauso schnell reagieren können, wie wenn sie ihren eigenen Namen hören. Denken Sie nur an Interessengruppen wie z.B. VW-Käfer-Clubs, die Anonymen Alkoholiker, tibetanische Buddhisten oder Umweltaktivisten. Interessengruppen gibt es, weil bestimmte Leute ähnliche Hot-Buttons haben, die sie dazu animieren, diesen

Gruppen beizutreten und sie zu unterstützen.[1]

Mit Ihnen und Ihren Kunden wird dasselbe passieren. Sobald Sie Ihren eigenen Hot-Button gefunden haben – den Grund, warum Sie von Ihrem Produkt oder Ihrer Dienstleistung begeistert sind – werden Sie in der Lage sein, Menschen zu finden, die aus den gleichen Gründen kaufen wie Sie.

Sie werden sie genau so ansprechen, wie es Ihrem eigenen Hot-Button entspricht. Das bedeutet es, Ihren eigenen Hot-Button einzusetzen. Und weil es Sie ganz persönlich betrifft, werden Sie über Ihre Wahrheit sprechen – über IHRE WAHRHEIT ALS VERBRAUCHER. Zum Glück gibt es Hunderttausende von Menschen, die denselben Hot-Button haben wie Sie selbst – das sind mehr als genug, um jeden im Direktvertrieb über viele Jahre hinweg mit Bestellungen zu versorgen.

Sie werden sich wieder in die Lage eines Verbrauchers versetzen, wie Ann Fudge, die Chefin der größten US-Werbeagentur, es gefordert hat. Sie werden den Verkäuferjargon durch Verbraucherworte ersetzen. Und das werden Sie am Telefon tun, im persönlichen Gespräch, in Briefen, Broschüren und Flyern, in E-Mails, auf Visitenkarten und in den Nachrichten, die Sie auf Anrufbeantworter aufsprechen.

---

1 Google listet mehr als 70.000 Interessengruppen auf.

So setzen Sie IHREN EIGENEN Hot-Button ein

Die Kunst besteht darin, Ihren eigenen Hot-Button so klar rüberzubringen, dass Ihr Interessent ihn deutlich vernimmt. Wie sagen wir etwas, das so deutlich ist wie „Olivia, bist du da?" oder „Alle Kims an Deck!" oder „Kennen Sie jemanden, der Harry heißt?" Die Formel hierfür wird im nächsten Kapitel erläutert. Hier sind zunächst die fünf Strategien, die dieser Formel zugrunde liegen.

1. **Finden Sie zuerst Ihre eigene Wahrheit heraus.**
   Sie müssen in sich gehen, um diesen Teil von Ihnen und Ihre Erfahrung mit dem, was Sie verkaufen wollen, freizulegen. Dazu gehört möglicherweise auch, sich unangenehme oder schmerzhafte Erinnerungen in allen Einzelheiten wieder ins Bewusstsein zu rufen. Und Sie müssen bereit sein, darüber zu sprechen – und zwar so deutlich, dass Ihr Gegenüber den Schmerz, die Not oder die Aufregung, die Sie damals verspürten, nachempfinden kann. Wenn Ihr Gesprächspartner dies tut, oder wenn er jemanden kennt, der ebenso empfindet, fühlt er sich meist persönlich angesprochen und erwidert: „Mit geht es genauso. Was haben Sie anzubieten?"

2. **Seien Sie immer ehrlich.**

Sagen Sie Ihrem potenziellen Kunden stets von Anfang an, dass Sie ein bestimmtes Produkt vertreiben oder die Menschen in Ihrer Umgebung darüber informieren möchten. Sie haben nichts zu verschenken und Sie geben nicht einfach nur freundliche Empfehlungen. Natürlich sind Sie freundlich, aber ob es Ihnen gefällt oder nicht, wenn Sie das Geld Ihrer Kunden annehmen, dann nennt man das einen Verkauf!

Formulieren Sie Ihre Absicht einfach und offen, die Menschen werden das akzeptieren, weil schließlich jeder gerne kauft. Sie möchten lediglich bei jemandem kaufen, der integer ist, dessen Rat sie vertrauen können und der etwas anbietet, das Sie auch haben wollen.

Das ist nicht dasselbe, wie ein Restaurant oder einen guten Film weiterzuempfehlen – es sei denn, Sie sind der Restaurant– oder Kinobesitzer.

Denken Sie daran: Auch wenn Sie Ihr Produkt einfach genial finden, so haben Sie doch auch ein finanzielles Interesse am Ergebnis Ihrer Empfehlung und deshalb wird Ihre Schwärmerei den anderen immer irgendwie suspekt erscheinen.

3. **Schließen Sie nicht von sich selbst auf andere.**

Wenn Sie mit Ihrem Produkt gute Erfahrungen gemacht haben, so heißt dies nicht, dass es dem Rest der Welt genauso ergehen wird. Die Menschen sind verschieden und sie reagieren auf die gleichen Dinge manchmal völlig unterschiedlich. Berichten Sie daher von Ihrer Erfahrung als Beispiel dafür, was Ihr Produkt bewirken kann und machen Sie Ihren Interessenten neugierig, ob es bei ihm ebenfalls funktioniert – oder auch nicht. So erhalten Ihre Kunden das Gefühl, die volle Kontrolle über ihre Kaufentscheidung zu haben – und dass Sie ein vertrauenswürdiger Berater und kein durchgeknallter Verkäufer sind. Wenn Ihre Kunden sich mit Ihren Erfahrungen und Werten identifizieren und wenn sie dieselben Veränderungen in ihrer Gesundheit oder ihrem Leben sehen wollen, werden sie reagieren und sagen: „Bei mir ist es genauso. Erzählen Sie mir mehr davon."

4. **Tun Sie so, als wäre es Ihr erstes Rendez-Vous.**
   Bei einem potenziellen Kunden das Interesse für Ihr Produkt zu wecken, ist so etwas wie ein erstes Rendez-Vous. Erinnern Sie sich noch an Ihr erstes Date? Sie öffnen sich nur ein ganz klein wenig, dann halten Sie inne und warten auf eine Reaktion. Sie geben zu Beginn nicht gleich alles von sich preis, oder? Erzählen Sie Ihrem Interessenten daher nur so viel wie nötig ist, um seinen Appetit anzuregen. Lassen Sie IHN um einen weiteren Termin bitten!

5. **Glauben Sie an die Kraft einer wohlüberlegten Ausdrucksweise.**

WIE Sie etwas sagen kann ebenso wichtig sein wie der Inhalt. Bestimmte Worte, die Sie aussprechen, können den einen ansprechen und einen anderen abstoßen, ganz unabhängig davon, wie eindrücklich Ihre Erfahrung oder wie wirksam Ihr Produkt ist.

In meinen Kursen arbeiteten wir an jedem Text so lange, bis sein Verfasser ausrief: „Ich bin total hin und weg!“ und jeder konnte sehen, dass er es auch so meinte. Viele meinten auch: „Ich bin begeistert. Darin finde ich mich selbst wieder …“

Sollen wir jetzt mit Ihrem beginnen?

Gestaltung Ihres Erstkontakt-Skripts

6

Das Erinnern

Ihr Erstkontakt-Skript ist das Erste, was Ihr Interessent über Ihr Produkt oder Ihre Dienstleistung von Ihnen erfährt. Bei einem ersten Rendezvousous wird nicht gleich unsere ganze Geschichte ausgebreitet, das heben wir uns für das zweite und dritte Treffen auf.

Sie werden dieses Skript oder Teile davon auf verschiedene Art und Weise verwenden: um zu antworten, wenn jemand Sie nach Ihrer Tätigkeit fragt, um neuen Interessenten Ihr Produkt vorzustellen und um Anzeigen, Flyer, Visitenkarten, Nachrichten für Anrufbeantworter, E-Mails und E-Mail-Signaturen zu erstellen.

Hier geht es nicht darum, etwas auswendig zu lernen, das dann jeder nachplappert. Es geht darum, eine FORMEL zu benutzen, um Ihre eigene, einzigartige Vorlage zu entwerfen.

Wenn Sie einen authentischen Teil von sich selbst in diesen Text einbringen, werden sich ganz bestimmte Menschen davon angesprochen fühlen und sich auf beinahe magische Weise für Ihr Produkt oder Ihre Dienstleistung öffnen.

Die Formel besteht aus zwei Teilen: dem Erinnern und dem Ausarbeiten.

Widmen wir uns zunächst dem Erinnern.
Es beinhaltet fünf Schritte:

1) Sich daran erinnern, wie es Ihnen **vorher** ging (bevor Sie auf Ihr Produkt oder Ihre Dienstleistung gestoßen sind).
2) Sich daran erinnern, was **nachher** geschah (nachdem Sie anfingen, Ihr Produkt oder Ihre Dienstleistung zu nutzen).
3) Ihre **Lieblingslösung** auswählen.
4) Sich an einige **persönliche Highlights** erinnern.
5) Sich daran erinnern, welche **Dinge Sie ausprobiert haben**, bevor Sie auf Ihr Produkt oder Ihre Dienstleistung gestoßen sind.

SCHRITT 1:
... vorher ...

Besorgen Sie sich bitte Schreibmaterial und suchen Sie sich einen ruhigen, gemütlichen Ort, an dem Sie für ungefähr eine Stunde ungestört sind. Wenn Sie dort sind, atmen Sie tief durch, entspannen Sie sich und begeben Sie sich in den Gefühlszustand des Tagträumens.

Richten Sie Ihre Gedanken auf die Produkte oder Dienstleistungen, die Sie verkaufen und die Sie und Ihre Familie regelmäßig benutzen ... Was haben diese für Sie und Ihre Familie geleistet? Was hat Sie dabei glücklich gemacht? Gehen Sie jetzt in der Zeit zurück ... in Ihren geistigen Erinnerungsraum.

Erinnern Sie sich daran, wie es war, als Sie Ihr Produkt oder Ihre Dienstleistung das erste Mal ausprobiert haben – bevor Sie mit dem Verkauf anfingen.

Was hat Sie dazu bewogen, es auszuprobieren?

Ganz genau worunter haben Sie gelitten, oder wovon waren Sie angewidert, oder was brauchten Sie wirklich, oder was wollten Sie wirklich tun?

Waren Sie ausgelaugt? Fühlten Sie sich alt? Sahen Ihre Haut oder Nägel nicht mehr sonderlich gut aus? Hatten die Ärzte vor Ihren Gelenkschmerzen oder anderen Beschwerden kapituliert?

Gaben Sie zu viel für Ihre Telefonrechnung oder für Anwälte aus? Machten Sie sich Sorgen wegen der Chemie in Lebensmitteln? Über die schlechte Qualität der Nahrungsmittel, des Bodens, der Luft oder des Wassers? Sorgten Sie sich um jemanden in Ihrer Familie? Wollten Sie auf höchstem Niveau Tennis spielen können, bis Sie 96 sind? Oder einfach darauf vertrauen können, dass Sie das Richtige tun, um gesund zu bleiben?

Nach einigen sanften Denkanstößen hatten meine Kursteilnehmer folgende Ideen zum Thema „Vorher“:

- *„Ich schlief beim Babysitten für meine Enkelkinder immer ein.“*
- *„Ich wurde unheimlich schnell nervös. Mein Herz fing an zu rasen, als ob es mir aus der Brust springen wollte. Mir brach der kalte Schweiß aus, als ob ich gleich in Ohnmacht fallen würde.“*
- *„Ich reagierte auf meine Familie oft gereizt.“*
- *„Ich bin schon seit langem an einem gesunden Lebensstil interessiert, doch ich musste wegen meiner hartnäckigen Kopfschmerzen starke Schmerzmittel einnehmen.“*
- *„Ich nahm täglich sieben oder acht verschiedene Nahrungsergänzungsmittel zu mir, war mir aber nicht sicher, ob sie etwas bewirkten.“*
- *„Ich habe schon immer auf meine Gesundheit, auf richtige Ernährung und auf meine Leistungsfähigkeit geachtet.“*
- *„Ich konnte früher stets viele Dinge gleichzeitig erledigen*

und auf einmal ging das nicht mehr.“

- *„Ich war immer sehr sportlich, doch auf einmal ließ meine Leistungsfähigkeit nach, ich bekam Schmerzen und brauchte länger, um mich vom Training zu erholen.“*
- *„Beim Blick in den Spiegel sah ich Falten, hängende Mundwinkel, ein Doppelkinn und einen runden Bauch – ich sah aus wie meine Mutter.“*
- *„Ich konnte nicht mehr so wie früher die Treppen hinauf– und herunterrennen.“*
- *„Ich bekam kaum noch Luft und konnte ohne meinen Inhalator nirgends mehr hingehen.“*
- *„Ich bin voller Energie und Tatendrang, doch als ich in den Spiegel blickte, erkannte ich mich selbst nicht mehr wieder. Ich sah so alt aus …“*
- *„Ich hatte meine Lebensfreude verloren. Ich hatte keine Lust mehr, mit anderen etwas zu unternehmen, so wie vorher.“*
- *„Ich wusste nicht, wie ich meine Kreditkartenschulden loswerden sollte.“*
- *„Ich fürchtete mich vor der Höhe meiner Telefonrechnung.“*
- *„Ich hatte keine Lust, 200 Dollar pro Stunde für einen Rechtsanwalt auszugeben.“*

Viele Kursteilnehmer scheuten sich zuerst, diese Umstände detailliert zu beschreiben und beschränkten sich auf so vage Bemerkungen wie „Ich war müde“ oder „hatte keine Energie mehr“. Aber damit kann niemand etwas anfangen. Schließlich bedeutet „müde“ für Sie vielleicht, dass Sie sich tagsüber hinlegen müssen, wohingegen es für jemand anderen bedeutet, dass er nicht seinen gewohnten täglichen 25-Kilometer-Lauf machen kann. „Müde“ allein reißt niemanden vom Hocker.

Manche hatten das Gefühl, die Situationen seien zu persönlich oder zu schmerzhaft oder bisweilen auch nicht beeindruckend genug. Oder sie meinten, dass die wahren Gründe keinen etwas angingen.

Nach ein wenig Ermunterung fand sich stets ein Teilnehmer, der zuerst den Mut aufbrachte, ein tiefes, dunkles Geheimnis zu offenbaren und dann konnten alle miterleben, wie wir diese persönliche Offenbarung in ein Erstkontakt-Skript verwandelten. Dann begannen alle, sich zu öffnen und sie konnten es kaum erwarten, endlich dranzukommen.

Wenn Sie die gleichen inneren Widerstände verspüren, denken Sie daran, dass niemand Ihre Gedanken oder Ihre Notizen lesen kann. Dieser Teil ist nur für Sie. Lassen Sie daher Ihre Schutzmauern fallen und erinnern Sie sich an jene Zeit zurück …

Wenn Ihr Grund finanzieller Natur war

Einige Kursteilnehmer berichteten, dass sie damit begonnen haben, ein Produkt zu verwenden, weil sie in einer finanziellen Klemme steckten und das Geschäft betreiben wollten, um Geld damit zu verdienen. Doch jetzt ist noch nicht der richtige Zeitpunkt, um diese Geschichte zu erzählen. (In einem späteren Abschnitt zeige ich Ihnen hierfür die richtige Vorgehensweise.)

Jetzt dreht es sich erst einmal darum, wie es Ihnen vor Ihrem Produkt oder Ihrer Dienstleistung ging, unabhängig von Ihrer Motivation. Anstatt an Ihre damalige finanzielle Lage zu denken, erinnern Sie sich lieber daran, was Ihr Produkt bei Ihnen bewirkt hat, nachdem Sie es eine Zeit lang benutzt hatten.

Vervollständigen Sie hierzu diesen Satz:

„Nachdem ich anfing, das Produkt zu benutzen, bemerkte ich …“

Die von Ihnen beobachtete Verbesserung Ihrer Gesundheit oder allgemeinen Verfassung ist der Hot-Button für Ihre Erinnerung daran, wie es Ihnen vor der Produktanwendung ging.

Dann können Sie den Satz so vervollständigen:

„Bevor ich das Produkt nahm, gehörte ich zu jenen, die …“

und Sie werden wieder in der richtigen Spur sein.

Auslöser und Zeitrahmen

Manchmal hilft es, sich daran zu erinnern, was in Ihrem Leben geschehen war, um die Umstände oder Probleme auszulösen und seit wann diese aufgetreten sind. Zum Beispiel berichtete eine Frau davon, dass sie viele Jahre lang eine Tagesstätte für Kleinkinder geleitet hatte. Dadurch war sie abends immer so erschöpft gewesen, dass sie zu keiner Garten– oder Handarbeit mehr fähig war. Ihr Ehemann hatte begonnen, sich sehr einsam zu fühlen.

Eine andere Frau erzählte: *„Vor sieben Jahren zerbrach meine Beziehung und nach der Trennung ging es mit mir bergab."* Das war der Auslöser dafür, dass sie ihre Lebensfreude verlor. Hier sind noch andere Beispiele für die Beschreibung des „Vorher", mit Auslöser und Zeitrahmen:

- „Ich hatte 25 Jahre lang eine medizinische Praxis betrieben, doch als neue Bestimmungen erlassen wurden, konnte ich sie nicht mehr so frei und ungezwungen führen wie bisher. Ich musste länger arbeiten, führte mehr Behandlungen durch, sah meine Familie seltener und verdiente weniger. Zu Hause wurde ich unausstehlich …"
- „Vor ungefähr dreieinhalb Jahren zog ich mir Muskelzerrungen in den Armen und der Brust zu und danach konnte ich nicht mehr so trainieren wie vorher. Ich konnte nicht einmal mehr meine Aktentasche oder Einkaufstüten tragen …"

- „Ich war mein ganzes Leben lang aktiv und gesund gewesen, doch nur solange, bis ich meine Kinder bekam …“
- „Zwölf Jahre lang war ich einmal im Monat immer schlecht gelaunt und schrie jeden an …“
- „Ich war mein ganzes Leben lang immer gesund gewesen, doch vor ungefähr vier Jahren bemerkte ich, wie meine Gelenke zu schmerzen begannen und ich bekam stechende Schmerzen, die mir den ganzen Rücken rauf und runter liefen.“
- „Solange ich denken kann leide ich bereits unter Atembeschwerden …“
- „Seit meinem dreizehnten Lebensjahr habe ich jährlich drei oder vier schreckliche Erkältungen …“

All diese Aussagen erzählen eine Geschichte, weil sie BILDHAFTE AUSDRÜCKE verwenden. Vergleichen Sie Ihre Reaktion auf diese Geschichten mit der Reaktion, die Sie gezeigt hätten, wenn jede Person einfach nur gesagt hätte: „Ich fühlte mich nicht gut.“
Wenn Ihnen zunächst nur vage Ausdrücke wie „Ich war müde“ oder „Ich war gestresst“ einfallen, dann führen Sie weiter aus: **„Was ich damit sagen möchte, ist …“**
und Sie werden im Geist ein Bild sehen, wie Sie sind, wenn Sie sich müde fühlen. Bildhafte Beschreibungen werden dann vor Ihnen auftauchen. Benutzen Sie die Box weiter

unten im Text und schreiben Sie Ihre Erinnerungen an das Vorher auf. Bringen Sie Ihre Erinnerungen mit folgendem Satz ins Fließen: „Bevor ich anfing, das Produkt (oder die Dienstleistung) zu nutzen, gehörte ich zu jenen, die …“

SCHRITT 2:
… nachher …

Was geschah NACHHER, nachdem Sie damit begonnen hatten, das Produkt oder die Dienstleistung zu nutzen? Hat Ihr Produkt oder Ihre Dienstleistung eines oder mehrere dieser Probleme ganz oder teilweise gelöst?

Zum Beispiel erinnerte sich Nora B. von *Mannatech* nach ein paar Denkanstößen, dass sie, bevor sie auf ihr Produkt stieß, so müde war, dass sie beim Babysitten ihrer Enkelkinder ständig einschlief. Nachdem sie das Produkt drei Wochen lang genommen hatte, schlief sie dabei nicht mehr ein und war keine peinlich verlegene Großmutter mehr.

Chuck S. von *Usana*, ein Pilot, erzählte, dass er früher, bevor er das Produkt verwendete, zwei bis drei Tage gebraucht hatte, um sich von einem Flug zu erholen. Er war immer so müde, dass er nicht mehr sein gewohntes Fitnessprogramm durchziehen konnte und seine Frau fand ihn immer langweiliger. Nachdem er das Produkt einen Monat lang benutzt hatte, konnte er direkt nach einem Flug wieder trainieren und auch seine Frau fand ihn wieder attraktiv.

Manchmal kann die Verwendung Ihres Produktes sogar Probleme gelöst haben, derer sie sich gar nicht bewusst waren. Zum Beispiel hat Lorna G. von *Shaklee* ein Produkt verwendet, in der Hoffnung, ihre Hitzewallungen damit in den Griff zu bekommen. Nach einem Monat bemerkte sie, dass ihre Knie nicht mehr weh taten.

Cheryl B. von *Ideal Health*, die schon immer gesundheitsbewusst gelebt hatte, bevor sie auf ihr Produkt stieß, erinnerte sich: *„Ich hatte einen Schrank voller Tabletten und Kapseln und blickte einfach nicht mehr durch, was ich nehmen sollte, so dass ich schließlich nichts davon regelmäßig einnahm."* Dann erinnerte sie sich, dass sie nach einem Gesundheitscheck sechs Produkte erhalten hatte, die genau auf ihren Körper abgestimmt waren. Jetzt konnte sie ihre alten Tabletten und Kapseln wegwerfen und einem exakten Einnahmeplan folgen.

Ihre Veränderungen brauchen nicht dramatisch sein, sie müssen nur echt sein.

Bereits eine einzige, kleine Ursache kann schon eine große Veränderung im Leben eines Menschen bewirken. Den Inhalator zum Beispiel nicht mehr zu brauchen, veränderte das Leben von Lynda J. von *Mannatech* ganz erheblich. Und diese Veränderung muss nicht einmal eine vollständige Beseitigung der Gesundheitsprobleme, sondern kann auch einfach eine Verbesserung sein, wie z. B.: ***„Ich habe nicht mehr so viele Schmerzen wie früher"***,

oder

„Jetzt bin ich nur noch selten erkältet und wenn doch, dann dauert es nur noch zwei Tage und nicht mehr einen Monat."

Ihre Aussagen zum Vorher und Nachher müssen zusammenpassen. Sie können entweder mit einem Vorher oder einem Nachher anfangen, je nachdem, was Ihnen zuerst einfällt. Die Reihenfolge spielt keine Rolle, wichtig ist, dass sich Ihre Aussagen aufeinander beziehen. Wie z. B.: „Vorher war ich blind und jetzt kann ich sehen." Nicht: „Vorher war ich blind und jetzt kann ich gehen." Wenn Sie darauf hinweisen wollen, dass Sie jetzt wieder gehen können, dann formulieren Sie es so: „Vorher war ich lahm und jetzt kann ich gehen."

Manchen fallen auf einmal viele Verbesserungen ein, die sie erfahren haben und schreiben alle auf die „Nachher"-Seite. Überprüfen Sie Ihr Skript, damit Sie zu jedem Nachher auch ein passendes Vorher haben, so wie man das Gewicht auf einer Wippe ausgleicht.

Okay?

Jetzt ist es an der Zeit, Ihre Erinnerungen aufzuschreiben. Schreiben Sie sie in die neben stehende Box 1 oder auf ein separates Blatt Papier. Schenken Sie dem „Finale" erst einmal keine Beachtung. Wir werden später darauf zurückkommen.

BOX 1: Vorher - Nachher - Lieblingslösung

Vorher #1

Bevor ich anfing, das Produkt (oder die Dienstleistung) zu nutzen, gehörte ich zu jenen, die …

~~morgens kaum ein Auge aufkriegen, bevor sie nicht ihre~~ vor ihrer ersten Tasse Kaffee kaum ein Auge auf kriegen. Ich hab auf dem Weg zur Schule ~~immer~~ oft in der Straßenbahn ein Nickerchen gemacht, und ~~manchmal~~ ein paar mal war ich so müde, dass ich meine Haltestelle verpasst hab, mindestens 10h Schlaf hatte

Nachher #1

Dann probierte ich eines Tages dieses Produkt (oder diese Dienstleistung) aus und nach 2 Wochen *(Zeitspanne) bemerkte ich, dass …*

ich mich plötzlich morgens direkt nach dem Aufstehen ungewohnt fit gefühlt habe. Das hat sich angefühlt, als hätte ich gerade kalt geduscht, Kaffee getrunken und dann noch Frühsport gemacht

Finale[1]:

Inzwischen ist das für mich längst normal, und ich trinke meinen Kaffee nur noch, wenn er mir schmeckt und ich Lust darauf habe

Gefühl, dass ich ~~bereit~~ bin für das, was der Tag so bringt.

1 wird in Kürze besprochen

…ache häufig vor dem Wecker auf

Vorher #2

Bevor ich anfing, das Produkt (oder die Dienstleistung) zu nutzen, gehörte ich zu jenen, die ...

4-5 mal / Jahr richtig krank sind, mit Erkältung, Kopfweh, Fieber, alles was dazu gehört.

Nachher #2

Dann probierte ich eines Tages dieses Produkt (oder diese Dienstleistung) aus und nach 1 Jahr *(Zeitspanne) bemerkte ich, dass ...*

ich der einzige in der Familie war, der völlig ohne Infekt durch den Winter kam. Und wenn es mich jetzt doch mal, was vielleicht 1-2 mal / Jahr noch vorkommt, dann geht es mir nur noch 3-4 Tage dreckig statt wie früher 2 Wochen, und ich muss auch nicht das Bett hüten.

Finale[1]:

Ich habe jetzt keine Angst mehr wie früher vor der kalten Jahreszeit, weil ich weiß, dass mein Immunsystem gerüstet ist.

1 wird in Kürze besprochen

Vorher #3

Bevor ich anfing, das Produkt (oder die Dienstleistung) zu nutzen, gehörte ich zu jenen, die ...

____

____

____

____

Nachher #3

Dann probierte ich eines Tages dieses Produkt (oder diese Dienstleistung) aus und nach ____________ (Zeitspanne) bemerkte ich, dass ...

____

____

____

____

Finale[1]:

____

____

____

____

1 wird in Kürze besprochen.

SCHRITT 3:
Ihre Lieblingslösung

Über welche Auswirkung Ihres Produktes oder Ihrer Dienstleistung sind Sie am glücklichsten? Schauen Sie sich die drei Nachher an, die Sie oben notiert haben. Machen Sie sich bewusst, welche Gefühle jeder einzelne Punkt bei Ihnen auslöst. Suchen Sie sich denjenigen aus, der bei Ihnen das schönste oder größte Lächeln auslöst, das Nachher, das Sie am glücklichsten macht oder das Sie am meisten entlastet hat.

Es muss nicht dramatisch sein, aber es muss etwas sein, das IHNEN wichtig ist.

Ziehen Sie mit einem dicken roten Stift oder mit einem Textmarker in Ihrer Lieblingsfarbe einen Kreis darum. Dies ist Ihre Lieblingslösung. Diese werden Sie bei Ihrem ersten Rendezvous einsetzen.

Sie werden Gelegenheit erhalten, auch Ihre anderen Nachher zu präsentieren, aber noch nicht jetzt. Sie können auf dem Markt mit vielen Nachher auftreten, doch Sie sollten stets immer NUR MIT EINEM auf neue Menschen zugehen. Ansonsten hört Sie der wertvolle eine von zehn eventuell nie rufen. So macht das zum Beispiel die Warenhauskette *Macy's.*

Jeden Sommer führt *Macy's* einen Haushaltswäsche-Sonderverkauf durch. In Zeitungsanzeigen wird der *Macy's White Sale* beschrieben, doch wie viele Frauen gibt es, die dann beim Kaufhausbesuch statt weißer Bettlaken doch völlig andere Dinge kaufen?[1]

Hier ist ein Beispiel von Linda L. von *Reliv International* und ihre bedeutendste Verbesserung:

1) Vorher nahm sie elf Medikamente mit besorgniserregenden Nebenwirkungen. Jetzt braucht sie nur noch vier. Sie hat dadurch 6.000 Dollar eingespart und ist den Nebenwirkungen aus dem Weg gegangen.
2) Vorher hatte sie in ihrem Leben ein sich ständig wiederholendes Muster von vier bis fünf lang anhaltenden Erkältungen und Hustenanfällen im Jahr. Jetzt bekommt sie jährlich nur ein paar normale Erkältungen und die dauern statt sechs Wochen nur noch eine.
3) Vorher brauchte sie täglich 14 bis 18 Stunden Schlaf. Jetzt schläft sie die normalen 8 Stunden und hat 6 bis 10 nützliche Stunden pro Tag gewonnen.

   Sie wählte ihr zweites Vorher-Nachher als Ihre Lieblingslösung aus, denn dank dieser Verbesserung fühlte sie sich wie „ein neugeborener Mensch".

1 Sie können zu einer anderen Lieblingslösung wechseln, NACHDEM Sie Ihre ersten 100 Kunden gewonnen haben; dann können Sie einen Monat lang eine andere Lösung verwenden. Viele von Ihnen brauchen gar nicht zu wechseln, v. a. wenn Sie mit ihrer Lieblingslösung mehr Verkäufe abschließen, als Sie abwickeln können.

Das sagte Claire M. von Cell Tech:

1) Vorher musste sie jeden Nachmittag einen Mittagsschlaf halten und war um acht im Bett. Jetzt braucht sie keinen Mittagsschlaf mehr und sie legt sich erst zwischen zehn und elf schlafen.
2) Vorher wurde sie oft krank und hatte ständig eine verstopfte Nase, Kopfschmerzen, juckende Augen und Halsschmerzen. Jetzt hat sie fast nie mehr Kopfschmerzen.
3) Vorher musste sie alle zwei Stunden essen, sonst fühlte sie sich schlapp und so, als müsse sie anderen Leuten die Haare vom Kopf fressen. Jetzt schafft sie es viel länger, ohne Essen auszukommen und ihr Mann und ihre engsten Freunde haben ihr erzählt, dass sie jetzt eine viel nettere Person sei.

Sie wählte ihr drittes Vorher-Nachher zu ihrer Lieblingslösung. Claire sagt, dass sie sich deswegen jetzt auch selbst viel besser leiden kann.

Finale

Für manche Menschen wie Claire und Linda haben ihre Ergebnisse eine große Bedeutung, weil sie ihr eigenes oder das Leben ihrer Familien verändert haben. In manchen Fällen wendeten sich sogar langjährige Gesundheitsprobleme zum Guten.

Ein weiteres Beispiel:
George A. von *Oasis Wellness* schaffte es kaum aus dem Bett und an seinen freien Tagen war alles, was er tun konnte, auf dem Boden zu sitzen und fernzusehen. In weniger als einem Monat, nachdem er mit der Anwendung seines Produktes begonnen hatte, konnte er wieder energiegeladen aus dem Bett steigen und Zeit mit seinen Freunden verbringen. Er sagte: „In fünf Jahren habe ich nicht einmal zurückgeschaut.“ Das ist sein Finale.

Steven S. von *Mannatech* hatte nicht genug Energie, um mit seinen Enkelkindern zu spielen, wenn sie ihn besuchen kamen, weil er so viele Medikamente nahm. Nachdem er das Produkt ein paar Monate lang genommen hatte, konnte er seine Enkel wieder hochheben und umarmen. Seit drei Jahren braucht er keine verschreibungspflichtigen Medikamente mehr. Sein Finale: „Ich fühle mich besser als je zuvor in den letzten 20 Jahren.“

Hier sind weitere Beispiele für ein Finale:

„Es tut gut, ein Produkt zu nehmen, das wirklich einen Unterschied macht.“

(von jemandem, der früher eine Menge Präparate nahm und nicht sagen konnte, ob sie wirkten oder nicht).

„Ich benutze mein Produkt jetzt seit acht Jahren und ich fühle mich besser als jemals zuvor.“

„Seit sechs Jahren habe ich keine Erkältungen mehr gehabt.“

„Seit acht Jahren habe ich nach dem Sport keine Schmerzen mehr.“

Wenn Sie etwas Ähnliches über Ihr Produkt oder Ihre Dienstleistung empfinden, dann fügen Sie ein Finale im Nachher-Teil ihrer Lieblingslösung ein.

Sie brauchen das nicht unbedingt, wenn Sie es nicht wirklich fühlen. Erzwingen Sie es nicht, sonst wird es unaufrichtig klingen, wie Verkäufergerede eben.

Von jetzt an werden sich alle Schritte und Anweisungen nur auf Ihre Lieblingslösung beziehen.

SCHRITT 4:
Ihre persönlichen Highlights

Das sind besonders ergreifende Einblicke in Ihre persönliche Situation, bevor Sie Ihr Produkt oder Ihre Dienstleistung zu nutzen begannen.

Solche persönlichen Highlights können **Krisen, körperliche Beschwerden oder Probleme sein, die Sie mit Hilfe Ihres Produktes überwinden konnten.** Geben Sie ruhig zu, dass auch Sie nicht perfekt sind. Das schafft Herzensnähe und verbindet Sie mit anderen Menschen, weil Sie plötzlich einer von ihnen sind.

Jodi G. von *Ideal Health* zum Beispiel war deprimiert und hatte ihre Lebensfreude verloren:

„Vor sieben Jahren zerbrach meine Beziehung und nach der Trennung ging es mit mir bergab. Nach einiger Zeit verlor ich die Lust an der Arbeit und ging auch nicht mehr aus. Mich erfreute eigentlich gar nichts mehr. Wenn ich in einem Raum voller Menschen war, bekam ich Angstattacken.“

Es fiel ihr sehr schwer, darüber zu sprechen, vor allem vor den anderen Kursteilnehmern, aber sie brachte den Mut auf, durchzuhalten und erstellte sich ein ausgezeichnetes Skript.

Darlynn M. von *Mannatech* hatte schlimme Rückenprobleme: *„Ich konnte meine Kinder nicht hochheben, um sie zu umarmen oder mit ihnen zu spielen und ich konnte nicht mehr an den Strand oder in die Berge gehen."*

Pete B. von *Quixtar* hasste das Einkaufen:

„Früher musste ich immer meine Frau begleiten, die sich in jedem Laden umschauen wollte, während ich einfach nur schnell das kaufen wollte, weswegen ich gekommen war. …"

Janet P. von *Excel Communications* wollte, dass ihre Telefonate immer denselben Minutenpreis haben, damit sie die Rechnung nicht jeden Monat überprüfen musste:

„Ich wurde so wütend, weil ich über Stunden in der Warteschleife meiner Telefongesellschaft hing, bis ich jemanden fragen konnte, warum manche Anrufe mit 15 Cent berechnet wurden, obwohl alle Anrufe eigentlich nur 5 Cent kosten sollten …"

Wenn Sie kein Problem zu überwinden hatten, kann Ihr Highlight sein, dass Sie bei guter Kondition bleiben oder Ihre Leistungsfähigkeit erhalten wollten. Beschreiben Sie, was Sie getan haben, **um damit zu beweisen, dass Sie selbst ein Mitglied Ihrer Zielgruppe sind.**

So sagte Jett von *Mannatech*, dessen Zielgruppe Menschen sind, die „immer auf ihre Gesundheit, richtige Ernährung und körperliche Höchstleistungen geachtet haben“:

„Ich bin Vegetarier und habe schon immer Nahrungsergänzungspräparate genommen, weil ich gesund bleiben und meine sportliche Leistungsfähigkeit verbessern wollte. Ich treibe Sport nicht, um nur fit zu bleiben, sondern um zu gewinnen.“

Jetzt sind Sie dran. Sehen Sie nach, was Sie im Vorher-Abschnitt ihrer Lieblingslösung (Box 1 oben) geschrieben haben und überprüfen Sie, ob er ein oder zwei persönliche Highlights enthält. Falls nicht, tragen Sie diese jetzt ein.

SCHRITT 5:
Andere Dinge, die Sie ausprobiert haben

Hatten Sie in Bezug auf Ihre persönlichen Highlights versucht, die Situation in Ordnung zu bringen, bevor Sie auf Ihr Produkt stießen?

Manche Leute versuchen jahrelang mit nur geringem Erfolg, ein Problem zu lösen. Sie probieren eine Dienstleistung nach der anderen aus, irren von Arzt zu Arzt oder versuchen alle möglichen Vitamine, Medikamente oder alternative Heilmethoden.

Hier sind Beispiele von Dingen, die meine Kursteilnehmer ausprobiert haben:

„Ich nahm vier verschiedene Medikamente ein, die mir nicht viel halfen und starke Nebenwirkungen hatten."

„Ich habe jahrelang alle möglichen Vitaminpräparate aus dem Bioladen ausprobiert, doch es schien keinen Unterschied zu machen, ob ich sie nahm oder nicht."

„Die Ärzte hatten mich aufgegeben und ich fürchtete,

in diesem Zustand den Rest meines Lebens verbringen zu müssen."

„Ich stellte meine Ernährung um und begann mit Fitness-Training, doch nichts davon schien wirklich etwas zu bewirken."

Falls Sie schon andere Dinge ausprobiert haben, bevor Sie Ihr Produkt fanden, beschreiben Sie dies in der Box 2 auf Seite 95.

Hier sind Beispiele für Formulierungen, die gut funktionieren, um davon zu berichten, was Sie schon alles ausprobiert haben:

„ ...aber nichts davon schien einen Unterschied zu machen."
„ ...doch nichts schien zu funktionieren."
„ ...aber sie hatten starke Nebenwirkungen (vor denen ich mich fürchtete)."
„ ...aber etwas fehlte noch."
„Ich wusste, dass ich etwas unternehmen musste, bevor es zu spät war."
„Das half eine Zeit lang, doch [das Problem] ging nicht weg."

Es ist besser zu sagen „Nichts SCHIEN ZU funktionieren (oder einen Unterschied zu machen)", statt zu sagen „Nichts funktionierte (oder machte einen Unterschied)", weil Sie nicht wirklich wissen können, was tatsächlich in Ihrem Körper vorging. Wenn Sie „schien zu..." benutzen, erscheinen Sie als eine umsichtige Person.

Falls Sie vor der Anwendung Ihres Produktes nichts ausprobiert haben, lassen Sie diese Box leer.

BOX 2

Dinge, die ich ausprobiert habe (optional)

____

____

____

____

____

____

aber nichts schien etwas zu bewirken.
(oder eine ähnliche, passende Formulierung)

____

____

____

Glückwunsch! Sie haben den Erinnerungsteil abgeschlossen. Sie können nun Ihren Erinnerungsraum verlassen und sich wieder an Ihren Schreibtisch setzen, um Ihr Skript auszuarbeiten ... ☺

7

Schriftliche Festlegung Ihrer Zielgruppe

Wichtiger Hinweis!

Falls Sie die Erinnerungsschritte noch nicht durchgeführt haben und ein Skript erstellen möchten, gehen Sie bitte zuerst in Ihren Erinnerungsraum und arbeiten Sie die drei Erinnerungsschritte durch, bevor Sie fortfahren.

Ausnahmslos jeder in meinem Kurs, der die Erinnerungsschritte im vorherigen Abschnitt nicht durchgeführt hatte (für gewöhnlich, weil das schriftliche Ausarbeiten so einfach aussah), landete wieder bei dem berüchtigten Verkäuferjargon – unabhängig von seiner Erfahrung oder Intelligenz und obwohl er die zweite Selbstverpflichtung eingegangen war.

Warum? Ganz einfach: Weil sein Gehirn in dem Moment, wo er sich vorstellte, mit einem Interessenten zu sprechen, automatisch darüber nachdachte, wie er sein Gegenüber am besten beeindrucken konnte. Darum fing er an, sich irgend etwas auszudenken, um seinen Gesprächspartner zu beeindrucken. Er benutzte allgemeine und unpräzise Formulierungen, denen es völlig an der Glaubwürdigkeit und Vertraulichkeit fehlte, die nötig sind, damit die Interessenten sich öffnen.

Jeder im Kurs erkannte die Plumpheit innerhalb von Sekunden und schickte die betreffenden Personen in den „Erinnerungsraum“ zurück. Also, wenn Sie Ihre Erinnerungsphase noch nicht absolviert haben, gehen Sie in Ihren Erinnerungsraum und holen Sie diese nach – damit Sie später niemand mehr dorthin zurückschickt, oder schlimmer noch, sofort abschaltet, sobald Sie den Mund aufmachen.

Glückwunsch!

Nun sind Sie bereit, sich an den ersten Teil Ihres Erstkontakt-Skripts zu machen – der Bestimmung Ihrer Zielgruppe. Sie bildet Ihr Marktsegment. Ihre Zielgruppe ist der Auftakt für Ihr Skript. Dadurch wird Ihr Interessent hellhörig, weil er sich direkt persönlich angesprochen fühlt.

Sie sprechen ihn mit Ihrer Lieblingslösung an – mit der ergreifendsten Problematik und Situation oder der spannendsten persönlichen Zielsetzung, die Ihr Produkt oder Ihre Dienstleistung behob oder Ihnen half zu erreichen.

Zum Beispiel vertreibt Janice H. von *Mannatech* ein Produkt, mit dessen Hilfe sie ihre Motivation wiedererlangte. Vorher kam sie kaum aus dem Bett und schaffte es an manchen Tagen nicht einmal unter die Dusche. Nachdem sie ihr Produkt sechs Monate lang genommen hatte, kam ihre Motivation zurück und jetzt, nach etwa einem Jahr, springt sie morgens aus dem Bett und geht wieder wie ein normaler Mensch aus dem Haus.

Ihre Zielgruppenbeschreibung lautet:

„Menschen, die ihre Motivation verloren haben und sie nicht zurückbekommen können."

Becca F. von *Melaleuca* war die meiste Zeit ihres Lebens voller Tatendrang gewesen – bis sie ihr zweites Baby bekam. Danach musste sie sich jeden Tag drei Stunden hinlegen, unfähig, noch irgendetwas zu erledigen. Innerhalb eines Monats, in dem sie ihr Produkt genommen hatte, wachte sie morgens schon vor dem Weckerklingeln auf und brauchte kein dreistündiges Mittagsschläfchen mehr.

Ihre Zielgruppe sind

„Frauen, die die meiste Zeit ihres Lebens voller Tatendrang waren, bis ihre Kinder zur Welt kamen".

Was schätzen Sie, wie viele Menschen fühlen sich von Janice angesprochen? Und wie viele von Becca?

Meinen Sie, es könnten für jede der beiden 100 oder 300 oder auch 1.000 Menschen sein?

Wie Sie Ihr persönliches Marktsegment finden

Gehen Sie zu Ihrer Lieblingslösung in Box 1 des Erinnerungsabschnitts, die Sie eingekreist haben. Schauen Sie nach, was Sie in dem entsprechenden Vorher- Teil geschrieben haben. Wandeln Sie dieses Vorher in Ihre Zielgruppe, Ihr persönliches Marktsegment um, indem Sie es oder eine Abwandlung davon benutzen, um den passendsten der folgenden Sätze zu ergänzen:

Ich vertreibe ein Produkt für alle, die …

Ich vertreibe ein Produkt für Menschen, die …

Ich vertreibe ein Produkt für Frauen, die …

Ich vertreibe ein Produkt für Männer, die …

Ich vertreibe ein Produkt für Eltern, die …

Zum Beispiel war die Lieblingslösung von Claire M., dass sie jetzt länger ohne etwas zu essen auskommt und dass ihr Mann und ihre besten Freunde finden, dass sie eine viel nettere Person ist.

Ihr Vorher war:

„Bevor ich anfing, das Produkt zu nehmen, war ich jemand, der alle paar Stunden etwas essen musste, andernfalls wurde ich schwach und fühlte mich, als müsste ich anderen Leuten die Haare vom Kopf fressen."

Um ihr persönliches Marktsegment zu definieren, vervollständigte sie den Satz so: *„Ich vertreibe ein Produkt für alle, die* *nur ein paar Stunden ohne etwas zu essen auskommen.*"

Ihre Zielgruppe sind also Menschen, die nur ein paar Stunden ohne etwas zu essen auskommen.

Ernie H. von *Mannatech* litt unter Schlafstörungen und bekam als Folge davon oft starke Grippeanfälle. Nachdem er sein Produkt einen Monat lang genommen hatte, konnte er wieder ganz normal schlafen und bekam keine schlafmangelbedingten Grippeanfälle mehr. *Sein Marktsegment sind daher Menschen mit Schlafstörungen.*

Denken Sie daran, nicht in Fachchinesisch oder die Benennung von Krankheiten abzudriften. Ernie H. sagt nicht „Menschen, die unter Schlaflosigkeit leiden", sondern er sagt *„Menschen mit Schlafstörungen"*.

Anstatt das Wort „Fibromyalgie" zu benutzen, sollte man lieber von Menschen sprechen, *„die ständige Muskelschmerzen haben und morgens nicht aufstehen können."*

Um Symptome bildhaft beschreiben zu können, fragen Sie sich selbst:

> **„Wie fühlte sich das an?"**
> **„Wie erkannte ich meinen Zustand?"**
>
> oder sagen Sie sich:
>
> **„Was ich damit meine, ist ...",**
> wie z. B. „Ich litt unter Schlaflosigkeit.
> Was ich damit meine, ist,
> dass ich Schlafstörungen hatte."

Die obigen Fragen helfen auch dabei, vage Ausdrücke wie „müde“ oder „keine Energie“ oder „deprimiert“ zu verdeutlichen. Als Janice H. sagte, dass sie unter „Depressionen“ litt, fragte ich sie: *„Was meinen Sie damit? Woran erkannten Sie, dass es Depressionen waren?“*

Sie antwortete unter anderem: „Ich verlor meine Motivation ...“ *Bingo!*

Sie vertreibt ein Produkt für Menschen, die ihre Motivation verloren haben und sie nicht zurückbekommen können.

Manchmal müssen Sie etwas tiefer graben, um die ausschlaggebende Situation oder den Auslöser Ihrer durch das Produkt gelösten Probleme zu finden.

Als eine Kursteilnehmerin zum Beispiel sagte, dass sie früher beim Babysitten ihrer Enkelkinder immer eingeschlafen war, fragte ich sie, was dafür der Auslöser gewesen war. Sie meinte:

„Die ganzen Medikamente, die ich nehmen musste, machten mich so müde und gingen mir an die Substanz.“

Bingo!

Sie sagt:

„Ich vertreibe ein Produkt für alle, die müde und neben der Spur sind, weil sie so viele Medikamente einnehmen.“

Und „beim Babysitten ihrer Enkelkinder einzuschlafen“ wurde zu ihrem persönlichen Highlight.

Die Fragen, die Sie sich selbst stellen können, um tiefer zu graben, lauten unter anderem:

„Warum fühlte ich mich so?“

„Was löste dies aus?“ oder

„Was passierte kurz bevor ich mich so fühlte?“

Es folgen einige weitere persönliche Marktsegmente aus meinen Kursen. Sie basieren auf den Vorher-Situationen, persönlichen Highlights und Auslösern, die während der Ausarbeitung der Skripte zum Vorschein kamen:

- Menschen, die niedergeschlagen sind und ihre Lebenslust verloren haben.
- Menschen mit ungesunder Ernährungsweise die sich für Gesundheit interessieren.
- Menschen, die sich schon seit langem für Gesundheit, Ernährung und ihre persönliche Leistungsfähigkeit interessieren.
- Menschen, die ihr ganzes Leben lang gesund gewesen sind und bei denen plötzlich eine lebensbedrohliche Krankheit festgestellt wurde.
- Menschen, die an Sportwettkämpfen teilnehmen und die darüber frustriert sind, dass sich mit zunehmendem Alter immer mehr körperliche Beschwerden einstellen.
- Menschen, die durch Diäten, Fitness-Training oder reine Willensanstrengung einfach nicht abnehmen können.
- Menschen, die nicht gerne einkaufen gehen.
- Menschen, die sich nicht vorstellen konnten, ständig einen Anwalt zu ihrer Verfügung zu haben.

- Frauen mit monatlich wiederkehrenden großen Problemen.
- Frauen, die eine natürliche Alternative zu Hormonersatzpräparaten suchen Menschen mit starken Gelenkschmerzen.
- Eltern mit allergiegeplagten Kindern.
- Eltern von Kindern mit Essstörungen.
- Eltern, die alles für die Gesundheit ihrer Kinder tun wollen.
- Menschen, die sich jeden Monat Sorgen um die Höhe ihre Telefonrechnung machen.
- Menschen, die ihre Kreditkartenschulden loswerden wollen.

Fügen Sie am Ende Ihrer Zielgruppendefinition einen der folgenden Ausdrücke oder einen ähnlichen hinzu:

so wie ich
so wie ich früher war
so wie es bei mir war
so wie ich es tat
so wie es mir ging
so wie es bei mir aussah

Dies sagt Ihrem Interessenten, dass er ebenfalls zu dieser Gruppe von Menschen gehört und ganz wichtig, es zeigt ihm, dass auch er über Schwachpunkte verfügt. Solch eine Enthüllung fesselt seine Aufmerksamkeit und schafft eine Verbindung von Herz zu Herz. Das ist das genaue Gegenteil davon, als ein überheblicher Besserwisser zu erscheinen, dem sowieso niemand zuhören will. Es ermöglicht Ihnen vielmehr, die Benennung Ihrer Zielgruppe mit Ihrem persönlichen Highlight zu verbinden.

Xi C. von *Nu Skin* zum Beispiel sagt:

„Ich vertreibe ein Produkt für Menschen, die eine blasse, trockene Haut und Falten haben, SO WIE ICH FRÜHER. Seit ich klein war, hatte ich trockene Haut, so wie meine Mutter. Ich verbrachte viel Zeit draußen in der Sonne und meiner Haut ging es immer schlechter. Sie fing an zu schuppen und ich bekam zahlreiche tiefe Falten um die Augen herum …“

Manchmal ist es einfacher, zu bestimmen, welche persönlichen Verbesserungen Ihnen am meisten bedeuten und dann von dort aus die Zielgruppe festzulegen. Machen Sie es, so wie es Ihnen am meisten liegt.

Okay, hier ist die Box, in die Sie Ihr Marktsegment schreiben können.

Stellen Sie sich vor, jemand, den Sie gerade kennen gelernt haben, fragt Sie: „Was machen Sie?“ Sie antworten:

BOX 3
Meine Zielgruppe

Ich vertreibe ein Produkt für alle, (oder Menschen oder Frauen oder Männer oder Eltern), die …

____

____

____

____

____

____

so wie ich … / … so wie ich früher war … / … so wie es bei mir war … / … so wie ich es tat … / … so wie es mir ging … / … so wie es bei mir aussah

Herzlichen Glückwunsch! Sie haben hiermit das Fundament für Ihr Erstkontakt-Skript erstellt. Nun muss es nur noch zusammengefügt und ein wenig poliert werden, damit es jeden so richtig mitreißt … ☺

8

Erstellen Ihres Erstkontakt-Skripts

Erinnern Sie sich an Einsteins Formel $E=mc^2$? Mit dieser Formel veränderte er ein Paradigma, das in der westlichen Wissenschaft Jahrhunderte lang gegolten hatte: von Newtons Gesetzen der Mechanik hin zu seiner Relativitätstheorie.

In diesem Kapitel stelle ich die Formel vor, mit der ich über 1.200 Kursteilnehmern half, ihr Erstkontakt-Skript zu erstellen. Sie ist vielleicht nicht so weltbewegend wie die von Einstein – aber wie wäre es, wenn sich dadurch die Ergebnisse Ihrer Verkaufsanstrengungen verbessern würden? Und vielleicht auch Ihre Einstellung zu Ihrem Geschäft? Wie wäre es, wenn die anderen Menschen Sie auf einmal anders wahrnehmen? Oder wenn Sie plötzlich ganz anders über sich selbst denken?

Lesen Sie, was mir einige Kursteilnehmer berichtet haben, nachdem sie die Texte benutzten, die wir im Kurs entsprechend dieser Formel erarbeitet hatten:

„Ich werde jetzt wieder wie ein normaler Mensch behandelt. Was für eine Erleichterung!"

– Cynthia H., ***Tahitian Noni***

„Ich habe mein Selbstbwusstsein zurückgewonnen."

– Jan H., ***Melaleuca***

„Es macht wieder Spaß." *– Janet O.,* ***Shaklee***

„Bei mir kribbelt es wieder – wie vor neun Jahren …"

– Bonnie B., ***Mannatech***

„Es ist wie ein Paradigmenwechsel …"

– Maggie B., ***Mannatech***

„Ich brauche mich nicht mehr zu verstellen."

– Bobbi M., ***Shaklee***

Sechs Wochen nachdem Bob Ferguson und die Downline seiner Mutter Kay damit begonnen hatten, in ihren Kundenwerbekampagnen ihre Erstkontakt– und Folgeskripts zu verwenden, rief mich Bob eines Tages um zwei Uhr früh an und sagte:

„Kim, ich habe mir gerade die Umsatzzahlen für diesen Monat angesehen und ich musste Sie einfach anrufen. Mein Umsatz ist in den ersten zwei Wochen dieses Monats um 35 Prozent gestiegen – und dabei

ist der Dezember normalerweise unser schwächster Monat! Ich weiß, dass ich das meiste davon Ihrem Drei-Skripte-Kurs zu verdanken habe. Wir haben eine Weihnachtsaktion laufen, aber das Wachstum verdanken wir vor allem den Teilnehmern an Ihrem Kurs und Ihren Betreuungsmeetings ... vielen, vielen Dank!“

Das Erstkontakt-Skript besteht aus 5 Komponenten:

1) Ihre Zielgruppe / Ihr Marktsegment (Box 3)
2) Persönliche Highlights (Box 1 – Vorher)
3) Dinge, die Sie ausprobierten, um Ihr Problem oder Ihre Situation zu beheben (Box 2)
4) Ihre Erfolge nach der Anwendung des Produktes oder der Dienstleistung (Box 1 – Nachher)
5) Ihr optionales Finale (Box 1)

Am Anfang und am Ende jeder Komponente stehen ganz bestimmte Schlüsselformulierungen. Diese Ausdrücke schließen Ihren Interessenten auf. Sie sind das Ergebnis von Tausenden von Verkaufsgesprächen, die ich über die Jahre im Direktvertrieb geführt habe.

Okay. Hier ist die Formel. Die Schlüsselausdrücke sind fett und kursiv gedruckt. Das Plus-Zeichen gibt an, welche persönlichen Formulierungen Sie einfügen sollten.

BOX 4

Formel für das Erstellen Ihres Erstkontakt-Skripts

Ich vertreibe[1] ein Produkt[2] für alle[3], die ...

+ Ihre Zielgruppe / Ihr Marktsegment (Box 3)

... so, wie es bei mir war[4].

+ Ihre persönlichen Highlights (Box 1 – Der Vorher-Teil ihrer Lieblingslösung)
+ Dinge, die Sie ausprobiert haben (Box 2 – optional) aber nichts schien einen Unterschied zu machen (oder eine andere geeignete Formulierung).

Dann probierte ich dieses Produkt aus und nach ... Monaten[5]

+ Ihre Erfolge (Box 1 – der Nachher-Teil Ihrer Lieblingslösung)
+ Finale (Box 1 – Abschluss des Nachher-Teils Ihrer Lieblingslösung – optional)

Kennen Sie jemanden, der vielleicht gern mehr über ein solches Produkt[6] erfahren würde?

---

1 oder „ich stelle ... vor“

2 oder „eine Dienstleistung“

3 oder „Menschen” oder „Frauen” oder „Männer” oder „Eltern” oder eine andere zutreffende Gruppe

4 oder „so wie ich” oder „so wie ich früher”, oder „so, wie ich es tat”, oder „so wie es mir erging“ oder eine ähnliche Formulierung

5 Verwenden Sie „innerhalb eines Monats”, falls Ihre Erfolge sofort eintraten, damit Sie nicht wie ein angeberischer Verkäufer klingen, auch wenn Sie unmittelbare Erfolge hatten.

6 oder „eine Dienstleistung”

Hier sind drei Beispiele für eine vollständige Formel. Es sind Erstkontakt-Skripte, die von Teilnehmern des Drei-Skripte-Kurses eingesetzt werden. Sie berichten von Umsätzen und Erfolgen, die weit über ihre bisherigen Erfahrungen hinausgehen.

Beispiele von Erstkontakt-Skripten

Beispielskript 1: Jim M., Ideal Health

Gesprächseröffnung:	**Ich vertreibe ein Produkt**
Schlüsselformulierung 1:	**für Menschen, die**
Zielgruppe/Marktsegment:	einen anstrengenden Beruf haben und deren Energie verloren gegangen ist,
Schlüsselformulierung 2:	**so, wie es bei mir der Fall war.**
Persönliche Highlights:	Ich hatte 25 Jahre lang eine medizinische Praxis betrieben, doch als über die letzten vier Jahre neue Bestimmungen erlassen wurden, konnte ich sie nicht mehr so frei und ungezwungen führen wie bisher. Ich musste länger arbeiten, führte mehr Behandlungen durch, sah meine Familie

	seltener und verdiente weniger. Abends kam ich total erschöpft von der Arbeit nach Hause. Ich schlief innerhalb von 10 Minuten nach dem Abendessen auf der Couch ein. Ich war so kaputt, dass meine Familie mich nicht mehr in ihre Feierabendpläne mit einbezog. Es hieß nur noch: „Mit Papa ist nichts los". Sogar mein Hund und meine Katze fingen an, mich zu meiden. Ich musste also unbedingt etwas unternehmen.
Ausprobierte Dinge (Opt.)	Ich hatte Zugang zu verschreibungspflichtigen Medikamenten,
Wendepunkt **aber ich war auf**	**der Suche nach einem natürlichen**
Weg, um meine	**Energie wiederzuerlangen.**
Schlüsselformulierung 3:	**Deshalb probierte ich dieses Produkt aus,**
Zeitrahmen:	**und innerhalb eines Monats**
Ergebnisse	kam ich mit mehr Energie nach Hause als je zuvor. Ich legte mich nach dem Essen nicht mehr auf die Couch. Stattdessen blieb ich auf und verbrachte die Zeit mit meiner Familie.

Finale (Optional): **Das ist nun viereinhalb Jahre her und ich fühle mich wieder wie ein 30-jähriger. Das Schönste ist, dass die Kinder sagen „Mit Papa macht's wieder Spaß".**

Schlussfrage **Kennen Sie jemanden, der gern mehr über ein solches Produkt erfahren würde?**

Beispielskript 2: Mary A., Shaklee

Gesprächseröffnung: **Ich vertreibe ein Produkt**

Schlüsselformulierung 1: **für alle, die**

Zielgruppe/Marktsegment: schon immer große gesundheitliche Probleme hatten,

Schlüsselformulierung 2: **so wie ich früher.**

Persönliche Highlights: Ich ernährte mich fürchterlich, rauchte, trank Kaffee und Alkohol. Als ich 26 war, sagte mir der Arzt, dass ich vielleicht noch 10 Jahre zu leben hätte. Er sagte, ich solle mit diesen schlechten Gewohnheiten aufhören und mir mehr Ruhe gönnen. Ich habe also radikal mit allem aufgehört. Das half, aber ich war immer noch nicht wirklich gesund und hatte ständig Kopfschmerzen

	und Durchfall.
Ausprobierte Dinge (Opt.):	Ich probierte viele verschiedene Gesundheitsprodukte aus, um etwas zu finden, das mir helfen könnte.
Wendepunkt:–	
Schlüsselformulierung 3:	**Eines Tages brachte mich mein Mann dazu ein neues Produkt auszuprobieren,**
Zeitrahmen (1):	**und fast schlagartig**
Ergebnisse (1):	erhielt ich meine alte Energie zurück.
Zeitrahmen (2):	**Innerhalb eines Monats**
Ergebnisse (2):	**hörten die Kopfschmerzen und der Durchfall auf.**
Finale (Optional):	**Das ist schon 30 Jahre her und ich fühle mich jetzt so, wie ich mich mit 21 hätte fühlen müssen.**

Schlussfrage: **Kennen Sie jemanden, der gern mehr über ein solches Produkt erfahren würde?**

Beispielskript 3: Cliff W., Excel Communications

Gesprächseröffnung:	**Ich stelle einen Telefondienst vor**
Schlüsselformulierung 1:	**für Menschen, die**
Zielgruppe/Marktsegment	auf jedes geführte Ferngespräch achten und die sich über die Höhe ihrer Telefonrechnung Sorgen machen,
Schlüsselformulierung 2:	**so wie ich früher.**
Persönliche Highlights:	Ich fürchtete mich jeden Monat vor meiner Telefonrechnung im Briefkasten und änderte ständig meine Vertragsgestaltung, um möglichst günstig wegzukommen.
Ausprobierte Dinge (Opt.):	–
Wendepunkt:–	
Schlüsselformulierung 3:	**Dann probierte ich diesen neuen Telefondienst aus,**
Zeitrahmen	**und jetzt**
Ergebnisse:	habe ich mit diesen ständigen mühsamen Vertragsänderungen aufgehört. Ich achte nicht mehr auf jedes geführte Ferngespräch und ich weiß, wie meine monatliche Telefonrechnung aussieht, sodass

	ich mir keine Sorgen mehr darüber mache.
Finale (Optional):	–

Schlussfrage: **Kennen Sie jemanden, der gern mehr über so einen Telefondienstleister erfahren würde?**

Die Bestandteile der Formel

Nachdem ich die Formel meist unbewusst zehntausende Male im Lauf der letzten 15 Jahre angewandt habe, kann ich Ihnen versichern, dass jedes einzelne Element seine Bedeutung hat.

GESPRÄCHSERÖFFNUNG: **„Ich vertreibe ein Produkt…“** sagt dem Interessenten, dass Sie die Produkte oder Dienstleistungen, die Sie beschreiben wollen, auch selbst vertreiben. Durch diesen sofortigen Hinweis darauf, dass Sie ein Verkäufer sind, bleibt Ihre Glaubwürdigkeit gewahrt.

SCHLÜSSELFORMULIERUNG 1: **„für alle, die…“ sagt dem Interessenten, dass Ihr Angebot nicht für jeden bestimmt ist.** Das erhöht seine Aufmerksamkeit, weil er sich automatisch fragt, für wen es denn sein kann. Wenn Sie möchten, können Sie auch sagen „für Menschen, die“ oder „für Frauen/ Männer/Eltern, die“ oder eine andere, ganz bestimmte Gruppe nennen.

DIE ZIELGRUPPE / DAS MARKTSEGMENT: wofür Sie sich entschieden haben. Ihre Lieblingslösung ist das, was Sie mit anderen auf dem Markt gemeinsam haben. Es bringt den einen von zehn Menschen dazu, aufzuhorchen, weil er sich angesprochen fühlt.

SCHLÜSSELFORMULIERUNG 2: **„so wie ich“** (oder eine andere geeignete Formulierung) am Ende Ihrer Zielgruppenbeschreibung sagt dem potenziellen Käufer, dass Sie selbst ein Teil dieser Zielgruppe sind und schafft eine Verbindung von Herz zu Herz. Zusätzlich verstärkt dies Ihr Image als ein Berater mit persönlicher Erfahrung.

PERSÖNLICHE HIGHLIGHTS: Dies ist der Teil, der Ihren Gesprächspartner am meisten berührt. Es erinnert ihn an seinen eigenen Schmerz, an seine eigenen Bedürfnisse und Probleme. Oder es erinnert ihn an eine Person, von der er weiß, dass sie eine ähnliche Erfahrung durchmacht. Das macht Sie sympathisch. Die persönlichen Highlights helfen Ihnen, eine sofortige Beziehung herzustellen, sogar mit völlig Fremden.

AUSPROBIERTE DINGE: Dies zeigt Ihrem Gegenüber, dass Sie ein sachkundiger Verbraucher sind. Und wenn er bereits Ähnliches ausprobiert hat, kann er dieses spezielle Problem möglicherweise auf seine Veränderungsliste setzen.

WENDEPUNKT: „aber nichts schien etwas zu bewirken" erklärt, warum Sie bereit dazu waren, ein weiteres Produkt oder eine weitere Dienstleistung auszuprobieren.

SCHLÜSSELFORMULIERUNG 3: **„Eines Tages dann habe ich dieses Produkt probiert"**: Damit führen Sie Ihr Produkt in das Gespräch ein.

ZEITRAHMEN: **„und nach (oder innerhalb von) x Monaten"** gibt dem Verbraucher Fakten über Ihre Erfolge. Ein Wort der Warnung: Falls Sie Erfolge innerhalb von ein paar Tagen oder eines Zeitraums von weniger als einem Monat feststellten, sagen Sie in Ihrem Skript trotzdem immer „innerhalb eines Monats". Selbst, wenn Sie innerhalb eines Tages von den Toten auferstanden sind. Andernfalls gehen Sie das Risiko ein, unglaubwürdig zu wirken und wie ein Verkäufer zu klingen.

ERGEBNISSE UND FINALE: Hier erfährt Ihr Interessent von den Vorteilen, damit er sich selbst ein Bild davon machen kann. Was Sie erlebt haben, kann in ihm Bilder davon entstehen lassen, was mit ihm geschehen könnte, wenn er Ihr Produkt nimmt. Sie beschreiben nur Vorteile, ohne irgendwelche unhaltbaren Versprechungen zu machen.

SCHLUSSFRAGE: **„Kennen Sie jemanden, der gern mehr über ein solches Produkt erfahren würde?" Dies ist Ihr „Abschluss".** Es setzt Ihren Gesprächspartner nicht unter Druck, weil Sie ihn nicht auffordern, etwas zu kaufen. Sie fragen nur, ob er jemanden kennt, der sich für das Produkt interessieren könnte. Falls Sie seinen eigenen Hot-Button erwischt haben, werden Sie von ihm zu hören bekommen: „Ja, mich! Ich will mehr darüber wissen." Falls dem nicht so ist, er aber jemanden kennt, auf den das zutrifft, denkt er vielleicht an diese Person und gibt Ihnen eine Empfehlung. Wenn er sich nicht angesprochen fühlt und auch niemand Passendes kennt, haben Sie einfach „die falsche Nummer gewählt".

Schön und jetzt sind Sie dran.

Verwenden Sie die Formel für die Erstellung Ihres Erstkontakt-Skripts (Box 4, S. 109) als Wegweiser, wenn Sie den ersten Entwurf Ihres Textes in Box 5 auf der nächsten Seite niederschreiben.

Widerstehen Sie der Versuchung, einen Beispieltext, der Ihrer Situation ähnelt, wortwörtlich zu kopieren. Sie können ihn als Vorlage nehmen, aber Sie sollten Ihre persönliche Note hinzufügen. Meine Kursteilnehmer staunen immer, wie viele verschiedene Skripte von Menschen, die das gleiche Produkt vertreiben, erstellt werden. Keines gleicht dem anderen.

Ihre persönliche Note lässt Sie wie ein Verbraucher und nicht wie ein Verkaufsprofi klingen. Und viele meiner Kursteilnehmer haben berichtet, dass sie ihr Skript wirklich gerne verwenden, weil sie sich damit wohl fühlen.

Entdecken Sie Ihre eigene Wahrheit, damit Sie sich ein Skript erarbeiten können, von dem Sie wirklich überzeugt sind und hinter dem Sie hundertprozentig stehen!

BOX 5
Mein Erstkontakt-Skript: Erster Entwurf
(Verwenden Sie die Formel aus Box 3)

Mit diesen Tipps lassen Sie Ihren Text abheben

Bestimmte Wörter und Formulierungen berühren die Menschen und lassen sie hellhörig werden, während andere dazu führen, dass sich die Menschen verschließen. Hier sind einige Hinweise, wie Sie die Aufmerksamkeit des einen von zehn erlangen.

1. **Verwenden Sie Formulierungen, die ein 13-jähriger versteht.**

   Für Erwachsene ist das leichter gesagt als getan. Hier sind ein paar Tricks, die Ihnen helfen sollen.

   Sprechen Sie sich Ihren Text LAUT vor, einen Teil nach dem anderen. Sie MÜSSEN ihn mit Ihren eigenen Ohren hören, damit Sie ihn bewerten können. Schriftsprache ist ganz anders als gesprochene Sprache und neigt dazu, langweiliger, steifer und formeller zu sein. SPRECHEN SIE IHREN TEXT für Verbraucherohren.

   Falls möglich, lassen Sie jemand anderen den Text hören und bitten Sie ihn, zu beurteilen, ob man auf diese Weise auch einen 13-jährigen ansprechen kann.

   Wenn Ihnen niemand zur Verfügung steht, stellen Sie sich vor den Spiegel und sagen Sie Ihren Text laut zu sich selbst.

   Wenn Sie nicht beurteilen können, ob man das einem 13-jährigen sagen könnte, ERSTELLEN SIE EINE TONAUFNAHME und spielen Sie sie ab. DANN wissen Sie es sofort.

Sprechen Sie sich den Text immer wieder vor und verbessern Sie sich, bis Sie sich ganz sicher sind, dass Sie so mit einem 13-jährigen am Küchentisch oder mit einem alten Freund beim Kaffeetrinken sprechen würden.

2. Vergewissern Sie sich, dass Ihr Skript **keinen Verkäuferjargon** enthält.

   Ihr Text muss sich an einen Menschen richten, ohne Fachchinesisch, Versprechungen, Übertreibungen und Prahlerei. Schauen Sie in Kapitel 4 nach, um Ihre Erinnerung aufzufrischen.

3. **Verwenden Sie bildhafte und tätigkeitsbeschreibende Ausdrücke.**

   Keine Klischees oder Verallgemeinerungen, die den Hörer in Halbschlaf versetzen oder bei denen er abschaltet. Bombastische Wörter, ständige Superlative und endloses Geschwafel führen für gewöhnlich zu diesen Symptomen. Ersetzen Sie jedes Klischee und jede langweilige Verallgemeinerung durch bildhafte und tätigkeitsbeschreibende Wörter.

Verallgemeinerungen	**Bildhafte und tätigkeitsbeschreibende Ausdrücke**
Ich war so müde …	Ich musste mich abends nach dem Abendessen erst einmal auf die Couch legen.

Ich fühlte mich nicht gut …	Ich schnauzte meine Kinder an und niemand konnte das ausstehen.
Ich war zu nichts mehr fähig …	Ich war früher jeden Tag gejoggt und jetzt auf einmal ging das nicht mehr.
Es machte mich ganz fertig, immerzu so fertig zu sein.	Ich konnte nicht mehr so wie früher jede Woche Tanzen gehen und Tennis spielen.

Krankheit	**Wie Sie sich fühlten oder was Sie tun mussten oder was Sie nicht mehr tun konnten.**
Ich hatte Fibromyalgie.	Mir tat alles weh und ich konnte morgens nicht aufstehen.
Ich hatte Arthritis.	Meine Füße und Beine taten so weh, dass ich nicht schlafen konnte.
Meine Frau hatte Alzheimer.	Meine Frau konnte sich nicht erinnern, was sie gerade gesagt oder wo sie ihre Schlüssel hingelegt hatte. Es wurde so schlimm, dass sie sich sogar in der Nachbarschaft verirrte.
Chronische Müdigkeit	Ich musste mich jeden Tag ein paar Mal hinlegen. Ich war so schwach, dass ich es manchmal kaum die Treppe hochschaffte.

Asthma	Ich konnte kaum noch atmen. Ich schnappte nach Luft und keuchte immerzu und konnte ohne meinen Inhalator nicht mehr aus dem Haus.
ADHS	Mein Sohn war hyperaktiv. Er schlief nachts nur vier bis fünf Stunden, machte dreimal wöchentlich ins Bett und er konnte weder stillsitzen noch aufmerksam sein.

Okay?

Vielleicht möchten Sie jetzt noch einmal den Entwurf für Ihr Erstkontakt-Skript durchgehen und ihm den letzten Schliff verleihen.

Achten Sie schließlich noch darauf, dass Ihr Skript nicht länger als maximal 45 Sekunden dauert.

In Box 6 tragen Sie dann bitte Ihr endgültiges Erstkontakt-Skript ein.

Herzlichen Glückwunsch! ☺

BOX 6

Mein Erstkontakt-Skript:

ENDGÜLTIGE VERSION

Die Kurzversion Ihres Erstkontakt-Skripts: Ihr Skript für Ihre persönliche Zielgruppe

Je nach Situation können Sie entweder die Vollversion Ihres Erstkontakt-Skripts verwenden oder dessen Kurzform. Einige Leute nennen dies ihr „persönliches Zielgruppen-Skript", denn es besteht in erster Linie aus dem persönlichen Marktsegment.

Hier stellen wir Ihnen Jims Kurzversion seines Skripts vor. Es basiert auf dem ersten Beispieltext auf Seite 110.

Blättern Sie noch einmal zurück und Sie werden sehen, dass wir einfach die ersten vier Elemente davon verwendet und die Schlussfrage daran angehängt haben.

Gesprächseröffnung:	**Ich vertreibe ein Produkt**
Schlüsselformulierung 1:	**für Menschen, die**
Zielgruppe/Marktsegment:	einen anstrengenden Beruf haben und deren Energie verloren gegangen ist,
Schlüsselformulierung 2:	**so, wie es bei mir der Fall war.**
Schlussfrage:	**Kennen Sie jemanden, der gern mehr über ein solches Produkt erfahren würde?**

Sie können diese **Kurzversion in folgenden Situationen einsetzen: bei der telefonischen Kaltakquise, oder wenn Sie nur 15 Sekunden Zeit haben,** um in der Schlange vor der Supermarktkasse eine schnelle Antwort auf die Frage „Und was machen Sie?" parat zu haben.

Ihre persönlichen Highlights können Sie später noch ergänzen, falls Ihr Gegenüber Interesse zeigt. Dazu verwenden Sie Skript 2b, das wir im nächsten Kapitel erarbeiten. Skript 2b zeigt Ihnen, wie Sie Ihre persönlichen Highlights in das Gespräch, das sich an Ihr erstes Skript anschließt, einflechten können, nachdem die eine von zehn Personen Interesse an Ihrer Lösung gezeigt hat.

Begrenzen Sie die Beschreibung Ihrer persönlichen Zielgruppe auf höchstens 19 Wörter. Sie brauchen sie nur klar zu umreißen, ohne gleich Ihre ganze Geschichte zu erzählen. Damit finden Sie heraus, ob sich Ihr Gesprächspartner davon angesprochen fühlt – die Details lassen Sie folgen, nachdem er gesagt hat: „Ja, das klingt ganz nach mir …"

Hier ist die Formel für Ihr persönliches Zielgruppen-Skript. Verwenden Sie sie, um Ihr Skript in Box 8 zu schreiben:

BOX 8.

Mein persönliches Zielgruppen-Skript

(Kurzversion des Erstkontakt-Skripts)

Ich vertreibe[1] *ein Produkt*[2] *für alle*[3]*, die …*

+ ihre Zielgruppe/Ihr Marktsegment (Box 3)

… so, wie es bei mir war.[4]

Kennen Sie jemanden, der gern mehr über ein solches Produkt[5] *erfahren würde?*

1 oder „Ich stelle ... vor“ oder „Mein Unternehmen hat ... herausgebracht“

2 oder „eine Dienstleistung“

3 oder „Menschen“ oder „Frauen“ oder „Männer“ oder „Eltern“ oder eine andere zutreffende Gruppe

4 oder „so wie ich“ oder „so wie ich früher“, oder „so, wie ich es tat“, oder „so wie es mir erging“ oder eine ähnliche Formulierung

5 oder „eine Dienstleistung“

BOX 9.
Kurzversion meines Erstkontakt-Skripts

Gut gemacht! Schließen Sie jetzt bitte die Augen, atmen Sie tief durch und entspannen Sie sich. Und dann geben Sie bitte Ihre dritte Selbstverpflichtung ein …

Dritte Selbstverpflichtung

Setzen Sie
IHREN EIGENEN
Hot-Button ein

Schließen Sie die Augen und sagen Sie es laut und von ganzem Herzen.

9

Wenn jemand „Ja" sagt: Die Skripte 1, 2 und 3

Sobald jemand hört, dass Sie seinen Hot-Button ansprechen, oder den von einem Menschen, den er kennt, wird er reagieren, um zu sehen, was Sie anzubieten haben. Dann beginnt der Tanz des Verkäufers mit dem potenziellen Kunden.

Bei diesem Tanz gibt es drei Gelegenheiten, bei denen Ihre Worte Ihren Gesprächspartner entweder bei der Stange halten oder ihn das Weite suchen lassen.

Es sind die folgenden Fragen:

- **Worum geht es?**
- **Funktioniert das auch bei mir?** Wird es bei Onkel Harry funktionieren? Wird es bei Problem X funktionieren?
- Und: **Wie viel kostet das?**

Ihre Antworten auf diese Fragen verraten dem potenziellen Kunden, ob Sie ein vertrauenswürdiger Berater oder auch nur so ein Verkäufertyp sind.

Die Skripte 1, 2 und 3 illustrieren, wie ein Berater auf diese entscheidenden Fragen eingehen kann.

Skript 1: „Worum geht es?"

Ein typischer Verkäufer wird dieses Startsignal nutzen, um seine Produktleier anzuwerfen und er nennt als allererstes die Namen von Produkt und Unternehmen. **NEIN!** So dürfen Sie nicht vorgehen!

Ein Verkaufsberater beginnt, indem er kurz die Produkteigenschaften skizziert und dann den Namen des Produktes nennt, nicht jedoch den des Unternehmens. Warum sollten Sie Ihren potenziellen Kunden mit Fachchinesisch überfrachten, wo es doch darum geht, sein Interesse auf den Hot-Button zu lenken, den Sie mit ihm gemeinsam haben?

Und so sollte ein Berater diese Frage beantworten:

- „Es handelt sich um flüssige Vitamine, das heißt *Liquamin*, haben Sie schon mal davon gehört?"

Oder anstelle von „flüssige Vitamine":

- „ungiftige Reinigungsmittel"
- „Obst und Gemüse in Pulverform"
- „ein Pulver, aus dem man mit Wasser oder Saft einen Shake macht"
- „eine Telefongesellschaft, die Ihnen kostenlose Ferngespräche bietet"
- „einen Lieferservice für alles, was Sie im Supermarkt oder Einkaufszentrum einkaufen"

- „eine natürliche Hautpflegeserie aus Frankreich“
- „ein Getränk mit Soja-Proteinen“
- „ein völlig geräuschloses Luftreinigungssystem“

usw.

Hier ist die Formel:
Skript 1: „Worum geht es?“

Es handelt sich um
(ein kurzer Satz, der das Produkt oder die Dienstleistung beschreibt. Siehe obige Beispiele.)

Es heißt *(Name des Produktes).*
Haben Sie schon mal davon gehört?

Was Sie als Nächstes sagen, hängt von der Reaktion des potenziellen Kunden ab.

Er könnte z. B. sagen:

„Nein, ich habe noch nicht davon gehört.
Wie teuer ist es?“

oder: *„Nein, ich habe noch nie davon gehört.*
Hmm …“

oder:*„Nein. Glauben Sie, dass es bei meinem siebenjährigen Sohn funktioniert?“*

Die nun folgenden Skripte 2 und 3 zeigen Ihnen, wie Sie darauf reagieren sollten.

Skript 2:
„Wird es auch bei mir funktionieren?“

Skript 2 besteht aus zwei Teilen:

2a (Vorbehaltserklärung) und 2b (Beziehungsaufbau). Bei 2b gibt es zwei Möglichkeiten, je nachdem, ob Sie die Vollversion oder die Kurzversion Ihres Erstkontakt-Skripts einsetzen.

Skript 2a.

Stellen Sie sich vor, Sie haben gerade jemanden mit Ihrem Erstkontakt-Skript angesprochen und er sagt:

„Meine Güte! Das klingt ganz nach mir. Denken Sie, es wird auch bei mir funktionieren?“

Was meinen Sie, würde ein typischer Verkäufer sofort antworten?

„Natürlich wird es bei Ihnen funktionieren!! Alle lieben es. Außerdem ist es auf dem neuesten wissenschaftlichen Stand, von Nobelpreisträgern inspiriert und es ist patentiert. Man kann damit Toiletten reinigen und es macht Ihre Haut zarter. Zusätzlich ist es bioverfügbar und biologisch abbaubar …“

Aber, Sie sind ja ein Berater und deshalb sagen Sie:

Skript 2a. Vorbehaltserklärung

„Ich weiß nicht, ob es bei Ihnen funktionieren wird oder nicht, aber was wäre, wenn ja? Was wäre, wenn es bei Ihnen so funktioniert, wie bei mir auch? Würden Sie es dann ausprobieren wollen?“

Pause. Durchatmen.

Alles, was Sie wissen, ist, dass es bei Ihnen funktioniert hat und das ist alles, was Sie sagen. Keine Versprechungen, keine Übertreibungen.

Es liegt nur eine einzige Frage auf dem Tisch: ***Möchte Ihr Gesprächspartner ausprobieren, ob es bei ihm so funktioniert, so wie es bei Ihnen funktioniert hat?***

Skript 2b.

Wenn Ihr Gegenüber eine Pause macht, die Neugier oder Nachdenken signalisiert, so tun Sie Folgendes: Versetzen Sie sich geistig in seine Lage. Sprechen Sie in einem freundlichen, vertraulich werdenden Ton. Was Sie sagen, hängt davon ab, ob Sie die Vollversion oder die Kurzversion Ihres Erstkontakt-Skripts benutzen.

Wenn Sie die Vollversion Ihres Skripts benutzt haben, dann wählen Sie eine der beiden folgenden Alternativen, je nachdem, aus welchen Gründen Sie in die Branche eingestiegen sind:

1) Wenn Sie das Geschäft betreiben, weil Ihnen die Produkte oder die Dienstleistung so gut gefielen, nachdem Sie sie erstmals ausprobiert oder davon gehört hatten, dann sagen Sie:

Skript 2b-1. Produktmotiv
(anzuwenden nach dem Erstkontakt-Skript)

„Lassen Sie mich kurz erzählen, wie es mir ergangen ist. Das Produkt hat mich so überzeugt, dass ich mich entschieden habe, selbst in das Geschäft einzusteigen, um auch andere Menschen, denen es so geht wie mir damals, davon profitieren zu lassen. Und genau das tue ich.[1] Also, was meinen Sie? Möchten Sie es ausprobieren und sehen, ob es auch bei Ihnen funktioniert (so wie bei mir)?“

1 Wenn Sie möchten, können Sie Ihren Satz mit „vertreiben“ oder „verkaufen“ statt „profitieren lassen“ umformulieren. Wenn Sie Geld für Ihre Produkte nehmen, können Sie natürlich nicht „weitergeben“ verwenden. Wenn Sie die Produkte verschenken, dann ist „weitergeben“ okay.

2) Wenn Sie nicht in die Branche eingestiegen sind, weil Sie die Produkte so toll fanden sondern weil Sie auf der Suche nach einer Geschäftsgelegenheit waren, dann verwenden Sie das folgende Skript:

Skript 2b-2. Geschäftsmotiv

(anzuwenden nach dem Erstkontakt-Skript)

„Lassen Sie mich kurz erzählen, wie es mir ergangen ist. Ich war auf der Suche nach einer Geschäftsgelegenheit und wollte für ein Unternehmen tätig sein, hinter dessen Produkten ich voll und ganz stehen kann. Das trifft auf dieses Produkt zu. Deshalb bin ich für dieses Unternehmen aktiv.[1] Also, was meinen Sie? Möchten Sie es ausprobieren und sehen, ob es auch bei Ihnen funktioniert (so wie bei mir)?“

Wenn Sie die Kurzversion Ihres Erstkontakt-Skripts verwenden und gefragt werden: „Wird es bei mir funktionieren?“ oder: „Funktioniert das wirklich?“, dann ist dies der richtige Zeitpunkt, um Ihre persönlichen Highlights und Erfahrungen einzuflechten.

1 Wenn Sie möchten, können Sie Ihren Satz mit „vertreiben“ oder „verkaufen“ statt „profitieren lassen“ umformulieren. Wenn Sie Geld für Ihre Produkte nehmen, können Sie natürlich nicht „weitergeben“ verwenden. Wenn Sie die Produkte verschenken, dann ist „weitergeben“ okay.

Skript 2c zeigt auf, wie Sie es machen sollten.

Skript 2c. Persönliche Highlights
(anzuwenden nach der Kurzversion
des Erstkontakt-Skripts)

„Lassen Sie mich kurz erzählen, wie es mir ergangen ist. Bevor ich von diesem Produkt (oder dieser Dienstleistung) erfuhr, gehörte ich zu jenen, die ... (übernehmen Sie hier aus Ihrem Erstkontakt-Skript: Ihre persönlichen Highlights, Dinge, die Sie ausprobiert haben und Ihre Ergebnisse)

1) „Das Produkt hat mich tatsächlich so sehr überzeugt, dass ich mich entschieden habe, selbst in das Geschäft einzusteigen, um auch andere Menschen, denen es so geht wie mir damals, davon profitieren zu lassen.“

2) „Ich war auf der Suche nach einer Geschäftsgelegenheit und wollte für ein Unternehmen tätig sein, hinter dessen Produkten ich voll und ganz stehen kann. Das trifft auf dieses Produkt zu. Deshalb bin ich für dieses Unternehmen aktiv.

Also, was meinen Sie?[1] Möchten Sie es ausprobieren und sehen, ob es auch bei Ihnen funktioniert (so wie bei mir)?“

Pause. Durchatmen.

1 Wenn Sie möchten, können Sie Ihren Satz mit „vertreiben“ oder „verkaufen“ statt „profitieren lassen“ umformulieren. Wenn Sie Geld für Ihre Produkte nehmen, können Sie natürlich nicht „weitergeben“ verwenden. Wenn Sie die Produkte verschenken, dann ist „weitergeben“ okay.

Passen Sie sich der Energieschwingung Ihres Gegenübers an. Beachten Sie dabei, dass Sie den Wink über „das Geschäft" im letzten Teil Ihres Skripts platziert haben. EIN WINK. Das ist alles. Wenn Ihr Gesprächspartner auch nur das geringste Geschäftsinteresse besitzt, wird er diesen Wink verstehen. Respektieren Sie seine Intelligenz und seinen Grad an Neugier und sagen Sie nichts weiter. Wenn er neugierig ist, wird er auch fragen.

Sie konzentrieren sich im Moment NUR darauf, zu erkennen, ob Ihr Gesprächspartner als regelmäßiger Kunde in Frage kommt, in Ordnung? Haben Sie schon einmal einen Kunden verloren, weil Sie ihn dazu gedrängt haben, auch gleichzeitig in das Geschäft einzusteigen? (Mehr darüber später.)

Ihr Gegenüber wird auf eine dieser drei Arten auf 2b reagieren. Er wird entweder:

1) rumdrucksen oder unfreundlich werden,
2) Sie um mehr Informationen bitten, oder
3) Sie fragen, wie viel es kostet.

Falls er rumdruckst oder unfreundlich wird, sagen Sie sofort Nein und zwar als erster: *„Das ist wahrscheinlich nichts für Sie..."*

In meinen anderen Büchern und Audiokursen habe ich viele Möglichkeiten vorgeschlagen, wie man als Erster Nein sagen kann. Diese Techniken haben mir geholfen, meine Selbstachtung zu erhalten, wenn ich auf Menschen stieß, die nicht die richtigen für mein Geschäft waren – und das waren Tausende.

Wenn Ihr potenzieller Kunde um mehr Informationen bittet, fragen Sie, auf welchem Wege er die Informationen gern möchte: per E-Mail oder von einer Webseite? In einer Telefonkonferenz? Bei einem Meeting? Oder per Post? Vereinbaren Sie einen Termin, um sich ein anderes Mal ausführlicher zu unterhalten oder ihm weitere Informationen zukommen zu lassen, FALLS Sie das Gefühl haben, dass der Kandidat Ihren Zeitaufwand wert ist.

Viele Leute wissen nicht, wie sie „Nein, das ist nichts für mich“ sagen sollen. Deshalb bitten sie uns aus Höflichkeit oder um uns am Telefon abzuwimmeln, ihnen Informationen zuzuschicken. Wenn das Ihnen passiert, so können Sie folgendermaßen antworten:

Skript 2d. Weitere Informationen

„In Ordnung, ich kann Ihnen ein paar Informationen zusenden und ich rufe Sie dann in ein paar Tagen wieder an, um zu fragen, ob Sie etwas Passendes gefunden haben. Wenn Sie aber nicht wirklich interessiert sind, ist das ebenfalls in Ordnung. Dann können wir Papier sparen und ich werde nicht in Tränen ausbrechen, das verspreche ich Ihnen. Also, was möchten Sie? Soll ich Ihnen etwas zuschicken und Sie in ein paar Tagen wieder anrufen, oder möchten Sie, dass wir uns das sparen?“

Wenn Ihr Gesprächspartner fragt, was es kostet, gehen Sie zum folgenden Skript 3 über.

Skript 3: „Wie viel kostet es?“

Das ist die Hauptfrage. Diese Frage zu hören, macht Menschen im Vertrieb oft nervös, weil sie wissen, dass jetzt die Stunde der Wahrheit schlägt. Entweder gewinnen sie jetzt den Kunden, oder sie verlieren ihn.

Mit dem Folgenden sind Sie bestens auf diese Frage vorbereitet, vielleicht können Sie sich zukünftig sogar darauf freuen.

1. Denken Sie daran, dass Sie ein Berater sind. Wenn das Produkt für Ihren Gesprächspartner das richtige ist, wird er es letztendlich auch kaufen und Sie können jubeln. Falls das nicht der Fall ist, haben Sie wenigstens Ihre Aufgabe erfüllt, den anderen von Ihrem Produkt wissen zu lassen. Wir können ein Pferd zum Wasser führen, doch …

2. Bereiten Sie sich auf das vor, was Sie sagen werden, so dass es Ihnen, sobald der Zeitpunkt gekommen ist, ganz einfach von der Zunge geht und Sie Spaß an dem Gespräch haben.

Ihre Antwort auf die Frage hat vier Teile. Deshalb besteht auch das Skript 3 aus vier Elementen:

3a Produktpakete
3b Was Sie getan haben
3c Ihr Überraschungsratschlag
3d Besondere Preisgestaltungsmöglichkeiten

3a. Produktpakete

Produktpakete sind die verschiedenen Möglichkeiten die ein Kunde hat, um das zu bekommen, was Sie anbieten.

Beim Kaffee zum Beispiel gibt es häufig drei Packungsgrößen – klein, mittelgroß und groß. Alle drei haben die gleiche Qualität, aber die eine hat mehr Inhalt als die andere. Es kommt auf den Bedarf des Kunden an.

Dasselbe gilt, wenn man einen Fernseher oder Computer kauft. Dell passt seine Computer an die individuellen Wünsche seiner Kunden an. Manche sind größer und bieten mehr Leistung und Funktionen, andere sind kleiner oder einfach anders.

Kunden möchten gerne ihre Optionen von Anfang an kennen, geht es Ihnen nicht ebenso? Optionen anzubieten, löst bei Ihren Kunden das Empfinden aus, es mit einem Berater zu tun zu haben und nicht mit einem Verkäufer mit seinen Hintergedanken.

Die Pakete, die Sie anbieten, müssen in Verbindung mit dem

Marktsegment stehen, das Sie dem Kunden beschrieben haben. Zum Beispiel: Wenn Ihre Zielgruppenbeschreibung auf „Menschen mit Gelenkschmerzen" abhebt, müssen sich Ihre Pakete danach richten. Zum kleinen Paket kann eine Creme gehören, die man auf die Gelenke auftragen kann, sowie ein pflanzliches Mittel, um die Entzündung zu hemmen. Das große Paket kann zusätzlich Nahrungsergänzungsmittel enthalten, wie ein Multivitamin– und ein Multimineralpräparat.
Die Teilnehmer des Drei-Skripte-Trainings aus verschiedenen Unternehmen haben Pakete zusammengestellt, die diesen Regeln folgen. Sie können das auch!

Okay.
Stellen Sie sich vor, Ihr Kunde hat gerade die berühmte Frage losgelassen: ***„Wie viel kostet es?"***

Und so beginnen Sie Ihre Antwort:
„Das kommt ganz darauf an. Lassen Sie mich erklären, wie sich die Preise gestalten."

Wenn Sie nur ein Produkt vertreiben, bietet Ihr Unternehmen sicherlich Mengenrabatte an. Dann könnten Sie beispielsweise sagen:

Skript 3a-1. Mengenrabatt

Das kommt ganz darauf an. Lassen Sie mich erklären, wie sich die Preise gestalten. Eine Packung reicht normalerweise für einen Monat.
Eine Monatspackung[1] kostet ______________ €,
drei Monatspackungen kosten ______________ €
und zwölf Monatspackungen kosten _______ €.

Optionale Zusatzfrage:
Was meinen Sie, welche Lösung kommt für Sie in Frage?

Wenn Sie verschiedene Produkte vertreiben, können Sie wie folgt vorgehen:

Skript 3a-2. Paketumfang

„Das kommt ganz darauf an. Lassen Sie mich erklären, wie sich die Preise gestalten. Abhängig von Ihren Wünschen bietet das Unternehmen verschiedene Pakete an. Es gibt ein Luxus- und ein Starterpaket.[1]

Im LUXUS-Paket bekommen Sie BLABLABLA und es wird für _______ € angeboten (Verkaufspreis).

Im STARTER-Paket bekommen Sie BLABLA und es wird für _______ € angeboten (Verkaufspreis).

Optionale Zusatzfrage:
Was meinen Sie, welches davon kommt für Sie in Frage?“

1 Sie können auch drei verschiedene Paketgrößen anbieten

Pause ... Durchatmen ...

Die erste Formulierung *„Lassen Sie mich erklären, wie sich die Preise gestalten“* bereitet den Kunden darauf vor, alle Details der Information, die Sie ihm gleich geben werden, aufzunehmen.

„Das Unternehmen“ statt *„wir“* oder *„ich“* zu verwenden zieht einen klaren Trennungsstrich zwischen Ihnen und Ihrem Unternehmen. Das ist entscheidend, damit Sie Ihren Beraterstatus beibehalten. Sobald Sie sagen „Ich habe x...“, wird der Kunde daran erinnert, dass Sie ein Verkäufer sind und er wird eventuell skeptischer als unbedingt nötig.

Den Verkaufspreis an dieser Stelle zu nennen, gibt Ihnen später die Möglichkeit, dem Kunden einen Handel anzubieten – einen niedrigeren Preis für das gleiche Produkt. Jeder ist an einem guten Geschäft interessiert. Wir folgen hier der klassischen Regel für gutes Marketing: einen Kontrast herstellen.

Die Ansicht eines Kunden darüber, ob ein Preis hoch oder angemessen ist, hängt vom Kontrast ab.

Anthony Robbins erzählt gern die Geschichte der Spitzenverkäuferin von Pfadfinder-Keksen. Dieses junge Mädchen ging von Tür zu Tür. Sie fragte die Person, die an die Tür kam, ob sie eine Urlaubsreise kaufen wollte, um den jungen Pfadfinderinnen zu helfen – für 895 Dollar. Die meisten Leute schauten sie ungläubig an und sagten „Danke, heute nicht“. Dann bot das Mädchen eine Schachtel Pfadfinder-Kekse für sieben Dollar an und fast jeder kaufte sie, obwohl sieben Dollar mehr waren, als eine Packung Kekse normalerweise im Laden kostet.

3b. Wie Sie angefangen haben

Während Ihr Kunde seine Optionen abwägt, versetzen Sie sich geistig in seine Lage. In einem freundlichen, sanften und vertraulichen Tonfall sagen Sie Folgendes:

Skript 3b. Wie ich angefangen habe

Lassen Sie mich erzählen, wie ich es gemacht habe. Als ich anfing,

(wählen Sie A oder B, je nachdem, was auf Sie zutrifft)

A

war ich mir zunächst unsicher über die Produkte, wissen Sie, deshalb fing ich mit dem kleinsten Paket an. Dann, als ich sah, wie gut es funktionierte, nahm ich das größere.

B

gefiel mir alles, was ich sah und ich nahm sofort das Luxuspaket. Und ich habe es nie bereut.

3c. Ihr Überraschungsratschlag

Unabhängig davon, welche Option Sie gewählt haben, überraschen Sie nun Ihren Interessenten. Schlagen Sie ihm gleich anschließend Folgendes vor:

Skript 3c. Ratschlag

„Vielleicht ist das Starterpaket die beste Option für Sie. Erzählen Sie mir, wie Sie es nutzen würden, damit wir sehen, ob das die beste Wahl für Sie ist …“

(Stellen Sie Beratungsfragen, siehe weiter unten)

Ihr Kunde ist kein Dummkopf. Welche Empfehlung erwartet er Ihrer Meinung nach von einem Verkäufer – das größte oder das kleinste Paket?

Und was würde stattdessen ein Berater vorschlagen?

Indem Sie zuerst das Starterpaket empfehlen, beweisen Sie, dass Sie keine Hintergedanken haben. Dass es in Ordnung ist, wenn er klein anfängt, unabhängig davon, was Sie getan haben oder was Sie sich von ihm wünschen. Jedem Kunden ist klar, dass Sie es gerne hätten, dass er das große Paket nimmt. Deshalb ist für ihn die Überraschung umso angenehmer, wenn Sie ihm nicht gleich das ganz große Paket empfehlen.

Meine Kursteilnehmer erzählten, dass Kunden oft erleichtert

aufatmen und sagen „Ah, ja, an das Starterpaket dachte ich auch". Wenn der Kunde Kaufbereitschaft signalisiert, gehen Sie über zu Schritt 3d.

Wenn Sie jedoch merken, dass er noch „überlegt", hören Sie an dieser Stelle nicht auf. Verhalten Sie sich wie ein Berater und finden Sie etwas über Ihren Kunden heraus, bevor Sie ihn bitten, zu kaufen.

Hier sind einige Fragen, die Ihnen helfen können, ihn besser zu beraten und die ihm helfen sollen zu entscheiden, welches Paket das beste für ihn ist. Wählen Sie die Fragen aus, die zu Ihrem Angebot passen.

- Wie viele Personen gehören zu Ihrem Haushalt?
- Wie groß ist das Haus, das Sie zu reinigen haben?
- Brauchen Sie noch etwas mehr davon für Ihr Wochenendhaus?
- Wie oft werden Sie es benutzen?
- Brauchen Sie eine Doppelpackung?

Während Sie den Kunden etwas besser kennen lernen und er Ihnen von den Problemen erzählt, die er lösen möchte, stellen Sie gezieltere Beratungsfragen, wie z. B.:

- Wie lange haben Sie schon diese Symptome?
- Wie lange fühlen Sie sich schon so?
- Wie lange machen Sie sich darüber schon Sorgen?

- Was haben Sie bisher schon unternommen, [um das in Ordnung zu bringen]?
- Wie hat das funktioniert?
- Welche weiteren Probleme möchten Sie noch lösen?

Beratungsfragen für alle, die Dienstleistungen wie z.B. Telefonielösungen, Rechtsschutzprogramme oder Internetanschlüsse vertreiben:

- Was haben Sie bis jetzt unternommen, um einen günstigeren Telefontarif zu erhalten?
- Wie hoch ist Ihre monatliche Telefonrechnung?
- Wohin führen Sie Ferngespräche? Nur in Ihrem Heimatland oder auch ins Ausland?
- Welche Art von Rechtsbeistand suchen Sie? Geht es um ein Testament, um Verkehrsbußgelder oder um eine Scheidung?
- Wie häufig gehen Sie ins Internet?
- Wie häufig nutzen Sie E-Mail? Nutzen Sie Videokonferenzen?

Das sind Beispiele von Fragen, um an Informationen zu gelangen. Nachdem Sie die Antwort gehört haben, können Sie gemeinsam mit dem Kunden entscheiden, ob das Starterpaket immer noch die beste Entscheidung ist oder ob er lieber mehr bestellen möchte.

Viele Unternehmen stellen für gewöhnlich auch automatische monatliche Lieferprogramme zur Verfügung. Falls nicht, können Sie Ihr eigenes erstellen.

DENKEN SIE DARAN: Bevor Sie diese Fragen stellen, sollten Sie IMMER zuerst das Starterpaket empfehlen. Erstens, um den Interessenten zu beruhigen und zweitens, damit Sie als Berater wahrgenommen werden und nicht als Verkäufer.

Bevor Sie auf eine der Fragen Ihres Kunden antworten, fragen Sie sich selbst: „Was würde jetzt ein Berater sagen?" Dann sprechen Sie. Es kann sein, dass Sie sich selbst oft dabei ertappen, wie Sie versucht sind, in den alten Verkäuferjargon zurückzuverfallen. Hindern Sie sich selbst daran und nehmen Sie wieder die Rolle des Beraters ein.

Das kann sogar richtig Spaß machen …

3d. Besondere Möglichkeiten der Preisgestaltung

Wenn Ihr Unternehmen verschiedene Preise für das gleiche Produkt anbietet, stellen Sie es auf folgende Weise vor. Es gibt dabei zwei Kategorien: den Großhandels- oder Mitgliedspreis und den Preis für Monatsabonnements, Vorzugskunden und Großmengen.

Nehmen wir an, Ihr Kunde wählt das Starterpaket. Dann können Sie ihn folgendermaßen auf die Großhandels– oder Mitgliedsoption hinweisen:

Skript 3d-1.
Großhandelspreis für Mitglieder

Okay, großartig. Der von mir genannte Preis war der Einzelhandelspreis. Der wird Ihnen angeboten, wenn Sie kein Mitglied sind. Es gibt aber auch eine Großhandelsoption für Mitglieder und das funktioniert so.

Sie wissen sicher, dass manche Firmen eine Mitgliedschaft für etwa 45 Euro pro Jahr anbieten und damit können Sie dann zu einem besonders günstigen Mitgliederpreis einkaufen. Hier funktioniert das genauso.

Das Unternehmen bietet Ihnen eine jährliche Mitgliedschaft für ______€ an und damit bekommen Sie das Starterpaket (oder irgendein anderes Paket) für ______€ statt für ______ €. Und während eines ganzen Jahres bekommen Sie auf alle Produkte ______ % – einfach nur weil Sie Mitglied sind. Das mache ich auch, um den besseren Preis zu bekommen.

Möchten Sie es genauso machen, um an die günstigeren Preise zu kommen, oder möchten Sie das Paket zum regulären Verkaufspreis?

Manche Kursteilnehmer haben mich gefragt, warum sie den Einzelhandelspreis überhaupt vorschlagen sollen, da er ja doch nur zu einem einmaligen Verkauf führt. Andere wollten wissen, warum sie sich zu Beginn denn nicht auf die Einzelhandelsvariante beschränken dürfen, wo diese doch den höchsten Gewinn einbringt. Als wahrer Berater sollten Sie dem Kunden jedoch stets ZWEI Optionen anbieten.

Hier ist die andere Preisgestaltungsmöglichkeit. Mit dieser schaffen Sie sich die Möglichkeit, an die regelmäßigen Monatseinkünfte zu kommen, über die wir zu Beginn dieses Buches gesprochen haben. Hierfür können mehrere Termine nötig sein, ebenso wie auch Sie als Verbraucher nicht unbedingt schon gleich beim ersten Termin unterschreiben, oder? ...

Skript 3d-2.
Automatische Zustellung / Bevorzugter Kundenpreis / Mengenrabatt

Okay, prima. Der von mir genannte Preis war der Einzelhandelspreis. Aber Sie wissen ja, dass im Dutzend alles günstiger ist, nicht wahr? Nun, hier funktioniert das genauso.

Option A:

Sie müssen das Dutzend allerdings nicht auf einmal kaufen, um den bevorzugten Kundenpreis von ________ € zu erhalten – statt der regulären ________ €. Sie können das Produkt jeden Monat über ________ € Monate (entsprechend des Firmenkundenplans) bekommen und Sie erhalten trotzdem den bevorzugten Kundenpreis, eben weil Sie sich für den monatlichen Bezug entscheiden. Und es wird Ihnen direkt nach Hause zugestellt, so brauchen Sie sich um nichts mehr zu kümmern. Das mache ich auch, um an den günstigeren Preis zu kommen.[1]

Option B:

Der Preis für einen Monatsbedarf beträgt ______ €. Für drei Monate sind es ______ € und für zwölf Monate ______ €. Also, was ist Ihnen lieber? Möchten Sie einen Monat für ______ € oder lieber drei (oder zwölf) Monate für ______ € ? Mache ich auch, um den besseren Preis zu bekommen.

Möchten Sie es genauso machen, um an die günstigeren Preise zu kommen, oder möchten Sie das Paket zum regulären Verkaufspreis?

---

1 Erwähnen Sie nicht die Möglichkeit, den Bezug vorzeitig zu beenden. Wenn Sie danach gefragt werden, antworten Sie einfach: „Natürlich können Sie die Lieferungen unterbrechen, wenn Sie von dem Produkt nicht restlos begeistert sind."

Trotz all Ihrer Bemühungen müssen Sie damit rechnen, dass sich manche für den einmaligen Kauf entscheiden, auch wenn es etwas teurer ist. Das ist in Ordnung. Diese Menschen sind vorsichtig; sie möchten es erst ausprobieren. Wenn sie die Wirkung des Produkts spüren, gehen sie normalerweise zur monatlichen Lieferung über, wenn ihr Hot-Button wirklich angesprochen wurde.

Also, lassen Sie die Kunden Ihr Produkt oder Ihre Dienstleistung für einige Monate ausprobieren, um ihnen zu zeigen, dass sie wirklich etwas davon haben. Haken Sie nach, ohne penetrant zu wirken, um sich über die Ergebnisse zu informieren und um bereit zu stehen, wenn Ihr Kunde sich länger binden möchte.

Als ich früher Obst und Gemüse in Kapselform vertrieb, da sagte ich: „Sie erhalten einen Vorrat für vier Monate, damit Sie sie ausprobieren können." Und das taten die meisten auch, sie kauften die Vier-Monats-Packung. Ich bot keine Packung für einen Monat an, weil ich der Meinung war, dass man die Kapseln für mindestens drei Monate ausprobieren muss, um eine Veränderung feststellen zu können oder um das Vertrauen aufzubauen, dass man das Richtige tat.

Bei vielen anderen Nahrungsergänzungsprodukten ist es das gleiche. Ich wollte Kunden, die sich darüber im Klaren waren, dass Nahrungsergänzung keine Soforthilfe darstellt, so wie Medikamente oder Operationen. Nahrungsergänzung baut den Körper wieder auf.

Lassen Sie uns nun alles noch einmal zusammenfassen, damit Sie sehen können, wie es in einem realen Gespräch abläuft.

Beispielgespräch mit dem Einen von Zehn

Szene:

Potenzieller Kunde und Verkäufer treffen sich. Nach dem üblichen Austausch von Höflichkeitsfloskeln:

KUNDIN

Also, was machen Sie?

SIE

Ich vertreibe ein Produkt für Menschen, die lange arbeiten müssen und dann so erschöpft nach Hause kommen, dass sie zu nichts mehr fähig sind, so wie es bei mir auch der Fall war. Kennen Sie jemanden, der gern mehr über ein solches Produkt erfahren würde?

KUNDIN

Hmm. Interessant. Das kommt mir irgendwie bekannt vor. Worum geht es?

SIE

Es sind flüssige Vitamine. Sie nehmen ein– oder zweimal am Tag eine Verschlusskappe davon ein. Es heißt Liquamin. Haben Sie schon mal davon gehört?

(Pause … Durchatmen …)

KUNDIN

Nein. Hmmm ...

SIE (in einem vertraulichen Tonfall)

Lassen Sie mich erzählen, wie es bei mir früher war. Ich habe früher viele Jahre lang eine Kindertagesstätte geleitet. Bevor ich dieses Produkt kennen lernte, war ich abends so müde, dass ich weder im Garten arbeiten noch stricken konnte. Sogar mein Mann fühlte sich vernachlässigt.

Nachdem ich dieses Produkt einen Monat lang genommen hatte, kehrte meine alte Energie zurück. Ich konnte abends wieder aufbleiben und Zeit mit meinem Mann verbringen.

(Pause)

Mir gefiel das Produkt so sehr, dass ich mich dazu entschied, selbst in das Geschäft einzusteigen und es anderen Menschen, denen es so geht wie mir damals, zu empfehlen. Und das tue ich jetzt.[1] *Also, was meinen Sie, möchten Sie es ausprobieren, um zu sehen, ob es bei Ihnen funktioniert (so wie bei mir)?*

1 Verwenden Sie „empfehlen" oder „vertreiben" oder „es anderen zur Verfügung stellen", wenn Sie das lieber sagen als „verkaufen". Wenn Sie das Geld des Kunden nehmen, können Sie nicht „weitergeben" verwenden. Wenn Sie die Produkte verschenken, dann ist „weitergeben" okay.

KUNDIN

Wie viel kostet es?

SIE

Das kommt darauf an. Lassen Sie mich erklären, welche Möglichkeiten Sie haben. Es gibt verschiedene Pakete, je nach dem, was Sie möchten. Es gibt ein Luxuspaket und ein Starterpaket.

Im Luxuspaket bekommen Sie Blabla und Sie erhalten es für ________ €.

Im Starterpaket bekommen Sie Blabla und Sie erhalten es für ________ €.

KUNDIN

Hmm. Das klingt gut. Ich frage mich, was ich jetzt tun sollte?

SIE

Lassen Sie mich erzählen, was ich gemacht habe. Als ich anfing, war ich mir über die Produkte nicht sicher, wissen Sie, also fing ich mit dem kleinsten Paket an. Dann, als ich sah, wie gut es funktionierte, nahm ich das größere.

Vielleicht ist das Starterpaket die beste Option für Sie. Erzählen Sie mir, wie Sie das Produkt nutzen würden und wir können dann entscheiden, ob das für Sie die beste Option ist. Sind Sie die Einzige, die es nehmen wird? Oder wird Ihr Mann es auch benutzen?

KUNDIN

Nein, nur ich. Also, ich möchte gerne das Starterpaket.

SIE

Okay, prima. Der von mir genannte Preis war der Einzelhandelspreis. Aber Sie wissen ja, dass im Dutzend alles günstiger ist, nicht wahr? Nun, hier ist es genauso. Sie müssen das Dutzend allerdings nicht auf einmal kaufen, um den bevorzugten Kundenpreis zu erhalten. Sie können das Produkt jeden Monat für die nächsten sechs Monate bekommen und Sie erhalten trotzdem den bevorzugten Kundenpreis, eben weil Sie sich für den monatlichen Bezug entscheiden. Und es wird Ihnen direkt nach Hause zugestellt, so brauchen Sie sich um nichts mehr zu kümmern. Das mache ich auch, um an den günstigeren Preis zu kommen. (Und natürlich können Sie die Lieferungen unterbrechen, wenn Sie von dem Produkt nicht restlos begeistert sind.)

Also, was möchten Sie tun? Möchten Sie es als Vorzugskunde für 79 Euro oder zum normalen Verkaufspreis für 99 Euro haben?

KUNDIN

Ich möchte Vorzugskunde werden.

SIE

Großartig. Wie möchten Sie bezahlen?

10

Erzählen Sie nichts über das Geschäft

Haben Sie schon einmal versucht, einem Kunden das Geschäft vorzustellen, als er bereit war, das Produkt oder die Dienstleistung zu kaufen? … Und was ist dann passiert? … Hmmm.

Sie haben doch gerade einen wertvollen neuen Kunden gewonnen. Wie wäre es, wenn Sie sich dazu gratulieren und sich dann dem nächsten Interessenten widmen? Möglicherweise ist es Ihnen nicht klar, jedoch einem brandneuen Kunden zu empfehlen, das Produkt, das er gerade erst ausprobieren möchte, sofort selbst zu verkaufen, ist für ihn ein deutlicher Hinweis, dass da irgendetwas nicht stimmt. Da geht sofort eine Alarmsirene in seinem Kopf los, dass er es hier mit „einem von diesen komischen Dingen“ zu tun hat.

Stellen Sie sich Folgendes vor: Der Mann vom Computerladen ist gerade fertig mit der Installation Ihres Internetanschlusses. Sie haben den Lieferschein unterschrieben und gezahlt. Bevor er geht, sagt er:

„Wissen Sie, Mrs. Jones, damit kann man gutes Geld verdienen. Wir suchen nach Leuten, die uns dabei helfen, Internetanschlüsse zu verkaufen. Es ist wirklich einfach, jeder kann das. Alles, was Sie tun müssen, ist, Ihren Freunden und Verwandten davon zu erzählen. Sie wissen schon, so als würden Sie einen Film empfehlen. Und wir sind der beste Internetprovider überhaupt. Also, wie wär's? Möchten Sie mit uns ein wenig zusätzliches Geld verdienen?"

Wie reagieren Sie jetzt?

Was geht Ihnen durch den Kopf?

Folgendes haben meine Kursteilnehmer gesagt:

- „Ich würde zu lachen anfangen."
- „Ich würde mich fragen, ob ich vielleicht zu viel bezahlt habe ..."
- „Ich wäre überrascht. Warum fragt er mich?"
- „Ich kenne mich doch damit überhaupt nicht aus."
- „Ich würde mich fragen, ob die Firma in irgendwelchen finanziellen Schwierigkeiten steckt."
- „Was für ein Laden ist das denn?"
- „Ich möchte keine Internetanschlüsse verkaufen."

Stellen wir uns vor, dass in der darauf folgenden Woche das Telefon klingelt. Es ist der Mann vom Computerladen. Er sagt:

„Hallo, Mrs. Jones ... hier spricht wieder Ihr Partner vom Computerladen. Wir suchen immer noch nach Leuten ... Sie wissen schon. Das könnte Ihre Fahrkarte in die finanzielle Unabhängigkeit sein. Möchten Sie mit meinem Chef sprechen, der damit schon eine Menge Geld verdient hat? Er hat gerade ein Ferienhaus auf Hawaii gekauft. Also, was denken Sie? Möchten Sie mit uns etwas

Geld verdienen? Es ist wirklich einfach. Jeder möchte doch heute ins Internet ..."

In der Woche danach ruft er schon wieder an. Dasselbe Verkaufsgespräch. Und in der Woche darauf auch wieder. Was denken Sie nun über Ihren Internetanbieter? Mittlerweile, sagten meine Kursteilnehmer, hätten sie dem Provider und auch dem Laden schon längst den Laufpass gegeben und sich nach einem neuen Anbieter umgeschaut.

Wie oft ist Ihnen das mit Ihren Kunden so ergangen? Haben Sie Kunden verloren, als Sie versuchten, sie mit Ihrem Geschäft bekannt zu machen? Wenn sich jemand persönlich angesprochen fühlt und er das Produkt wie ein gewöhnlicher Verbraucher ausprobieren möchte: Können Sie ihn nicht einfach einen regelmäßigen, treuen Kunden sein lassen? Ohne ihm das Geschäft aufzwingen zu wollen?

Aber, wirft nun der ewig Gestrige ein, möchte nicht jeder finanziell unabhängig sein? Oder wenigstens die Produkte oder Dienstleistungen zum Sonderpreis bekommen, weil er andere empfohlen hat?

NEIN. NEIN. NEIN.

Schauen Sie sich in Ihrem Haus, Ihrem Büro oder Ihrer Garage um. Finden Sie da Dinge, die Sie wirklich mögen? Ihren Computer? Ihr Auto? Die High-Tech-Küchenmaschine, den Espressoautomat oder den digitalen Großbildfernseher? Und heißt das, dass Sie durch den Verkauf dieser Dinge Ihren Lebensunterhalt bestreiten wollen? Selbst wenn Sie das Geld dringend brauchen? Sicher nicht und den meisten Verbrauchern geht es ebenso.

Das ist einer der Hauptgründe, warum viele Menschen nichts von Leuten aus der Direktvertriebs– oder der Network- Marketing-Branche kaufen – weil sie NICHT gezwungen werden wollen, selbst etwas zu verkaufen, das sie gerade erst erworben haben. Sie wollen nur das Produkt oder die Dienstleistung, so wie jedes andere Produkt oder jede andere Dienstleistung auch.

Denken Sie mal darüber nach. Wären Sie bei Ihrem Internetprovider, wenn der Ihnen ständig nachjagen würde, damit Sie für ihn verkaufen? Können Sie das akzeptieren? Können Sie Kunden Kunden sein lassen?

Lassen Sie mich erzählen, was mir vor ein paar Jahren passiert ist. Es tut immer noch weh, wenn ich darüber nachdenke.

Stellas Geschichte

Nachdem ich mein fünftes Geschäft etwa ein Jahr lang betrieben hatte, bekam ich eine meiner besten neuen Beraterinnen. Sie war eine wunderbare Frau aus Europa. Zusammen mit ihrem Mann war sie Eigentümerin einer Fast-Food-Kette. Sie war eine „geborene Unternehmerin“ und sie, ich und das Geschäft legten raketenmäßig los.

Nach etwa 5 Monaten lief es so gut, dass ihr monatlicher Bonusscheck fast 10.000 Dollar betrug.

Eines Tages erzählte sie mir von einem geplanten Ausflug auf der Yacht von Freunden. Sie kaufte eine Menge Produkte, die sie mitnehmen wollte, denn sie dachte sich, dass einige der Anwesenden sicher etwas kaufen würden. Die Gastgeberin hatte sie sogar extra ermuntert, ihre Produkte vorzustellen. Sie freute sich über diese Gelegenheit, genauso wie ich.

Drei Tage lang meldete sie sich nicht. Am vierten Tag nach dem Ausflug rief sie schließlich an: „Kim, ich muss dir etwas sagen, das dir nicht gefallen wird. Mir gefällt es auch nicht. Ich höre mit dem Geschäft auf. Lass mich dir erklären, warum. Die Gastgeberin der Yachtparty ist eine gute Freundin von uns, sie spendet viel für unsere Kirche und die anderen wohltätigen Organisationen, die uns am Herzen liegen. Ein paar Gäste kamen hinterher zu ihr und baten sie, auf ihren Ausflügen keine Verkaufspräsentationen mehr zuzulassen. Sie wollten nicht, dass ihre Kontakte ausgenutzt werden, um ihnen etwas zu verkaufen. Vielen fiel es schwer „nein“ zu sagen und andere mochten es einfach nicht. Punkt. Deshalb bat sie mich, nicht mehr zu kommen, es sei denn, ich wäre dazu bereit, nichts mehr zum Verkauf anzubieten.“

Während ich sprachlos und schockiert war, erzählte Stella mir, dass, obwohl ihr das Geschäft und das Einkommen gefielen, sie es trotzdem nicht mehr machen wollte. Ihre Freunde und ihr gesellschaftliches Leben waren ihr zu wichtig. Sie wollte ihr gesellschaftliches Leben nicht aufgeben.

Und natürlich verstand ich das, oder? Natürlich. Ich war fassungslos. Durcheinander. Sie war als Hauptrednerin auf unserer nächsten Veranstaltung eingeplant, zu der fast 500 Leute erscheinen würden – zum Großteil, um IHRE Geschichte zu hören. Was sollte ich denen allen sagen? Oh je!

Ich sprang bei der Veranstaltung natürlich für sie ein, da ich den Event ja organisiert hatte.

Aber ich lernte eine wichtige Lektion: Für manche wirklich guten Unternehmer ist es nicht das Geld, nicht die Vision und auch nicht der Traum. Sie HATTE all das bereits. Sie wollte ihr gesellschaftliches Leben und ihre gesellschaftlichen Aktivitäten NICHT gegen das Geschäft eintauschen. Punkt. Ich musste das respektieren. Und ich habe gelernt, es zu akzeptieren, denn darüber habe ich keine Kontrolle.

Viele Leute brauchen oder wollen das Einkommen nicht, wenn dadurch ihre gesellschaftlichen Beziehungen und ihre

Emotionen aufs Spiel gesetzt werden. Ja, manche ärgern sich vielleicht über ein zu geringes Einkommen. Aber lieber verzichten sie auf mehr Geld oder sie gehen einer anderen Tätigkeit nach als dieser, bei der ihre Freunde und Bekannten ihre hauptsächliche Zielgruppe sind.

Können Sie das akzeptieren und dann loslassen? Wenn Sie einen neuen Kunden bekommen, lassen Sie IHN Fragen über das Geschäft stellen, nicht andersherum. Sie haben ihm schließlich einen klaren Hinweis gegeben, indem Sie sagten: „Mir gefiel das Produkt so sehr, dass ich mich dazu entschied, selbst in das Geschäft einzusteigen …“. Und jetzt lassen Sie los! *Abgemacht?*

Gute Nachricht über Kunden

Die gute Nachricht über viele zufriedene Kunden ist diese: Unter ihnen sind die paar, die das Produkt so sehr lieben, dass sie von Ihnen wissen wollen, wie sie es auch für andere verfügbar machen können. Was wäre, wenn das hin und wieder passiert?

Die meisten Firmen sagen, dass von hundert regelmäßigen Kunden es zwei bis drei sind, die die Produkte auch selbst weiterverkaufen. Das sind also zwei oder drei Prozent. Bedenken Sie auch, dass zahlreiche Top-Vertriebsleute als zufriedene Kunden angefangen haben.

So startete auch ich in meinem ersten Network-Marketing-Geschäft. Bei einem Tai-Chi-Kurs wurde ein Wasserfiltersystem vorgestellt, das mir so gut gefiel, dass ich mich erkundigte, wie ich es auch verkaufen könnte.

Eine Frau erzählte im Kurs, dass eine alte Bekannte, die sie mit ihrem Erstkontakt-Skript angerufen hatte, diese neue Vorgehensweise so gut fand, dass sie sich sofort bei ihr als Vertriebspartnerin einschrieb! Die Bekannte sagte, dass sie vorher schon einmal eine Networkerin gewesen war. Sie wollte gerne Menschen mit dem gleichen Text, den sie gerade gehört hatte, ansprechen.

Rays Geschichte

Ray Gebauer, ein Networker mit jahrelanger Erfahrung, der den Spitzenlevel in seinem Unternehmen erreicht hat, sagt seinen Leuten dasselbe. Hier ist ein Brief, den er seiner Gruppe von Tausenden von Networkern am 30. September 2003 per E-Mail zuschickte. Er gab der E-Mail die Überschrift „Ich muss es zugeben – Ich hatte Unrecht“. Hier sind Auszüge aus diesem Brief.

> „Liebe *Mannatech*-Familie und liebes Team,
> ich muss eingestehen, dass ich Unrecht hatte. Ich war jahrelang der Meinung, dass der klügste und schnellste Weg, den Leuten von *Mannatech* dabei zu helfen, möglichst viele Menschen zu erreichen und die größtmögliche Menge an Geld zu verdienen, darin besteht, primär nach dem Unternehmertyp oder dem, was wir Geschäftsentwickler nennen, zu suchen und sich auf diese Zielgruppe zu fixieren.
> Ich glaubte, es wäre schon fast Zeitverschwendung, nach Kunden Ausschau zu halten. Hier ist der Grund, warum ich heute denke, dass ich damit falsch lag.
> Es ist eine unbestreitbare Tatsache, dass 100% meines und Ihres Umsatzvolumens von Verbrauchern stammen (denn alle Vertriebspartner sind schließlich

auch Verbraucher). Von diesen 100% Volumen kommt wahrscheinlich weniger als 1% von denjenigen, die nur wegen des Geschäfts und der Verdienstmöglichkeiten dabei sind …

Ich war bisher ein Anhänger der Idee, dass sich jeder primär darauf konzentrieren sollte, neue Vertriebspartner für das Geschäft zu gewinnen. Was ist daran nun falsch?

Wenn ich jedem erzähle, dass er das Geschäft an jeden verkaufen muss, verschrecke ich letztendlich fast alle, weil nur wenige sich dabei wohl fühlen oder darin effektiv sind, die Geschäftsmöglichkeit zu verkaufen.

Die Menschen fühlen sich dann wohl, wenn sie über die Produkte und das, was die Produkte bei ihnen bewirken, sprechen können.

Aber selbst DAS bleibt bei den meisten Kollegen oft erfolglos, weil ihnen ein Gesprächsmodell beigebracht worden ist, das nur aus Verkäuferjargon besteht und davon fühlen sich 95% der Interessenten abgeschreckt. Anstatt sie anzulocken, weisen wir sie unbeabsichtigt zurück, indem wir ihnen vorwerfen, dass sie sich nicht um ihre Gesundheit kümmern und dass sie engstirnig oder sogar dumm sind …

Deshalb weiß ich Kim Klavers Geschenk, das sie uns in ihrem unglaublich wirksamen Drei-Skripte-Training anbietet, auch so zu schätzen. Hier lernen wir, wie wir uns von der Konditionierung und Denkweise von Verkäufern und Wissenschaftlern distanzieren, da sie uns wesentlich mehr schadet als hilft. Kims Vorgehensweise, die Verkaufsabsicht nicht in den Vordergrund zu stellen, ist einfach, macht Spaß in der Anwendung und lockt die Leute an, anstatt sie unabsichtlich abzuschrecken.

Ich verstehe jetzt, wie man mit dieser Vorgehensweise innerhalb von sechs bis neun Monaten einen gewaltigen Umsatz erzielen kann, ohne auch nur einen einzigen Vertriebspartner gewonnen zu haben …“

Wenn immer mehr von uns ihren Kunden den Platz in unserem Geschäft einräumen, der ihnen rechtmäßig zusteht, so könnte das Network Marketing schon bald das Geschäft der Zukunft für ernsthafte Unternehmer werden.

11

Vierte Vereinbarung: Es wieder und wieder und immer immer wieder tun

„Inzwischen gibt es bereits zahlreiche Studien über Menschen, die Spitzenleistungen erbringen, wie Geigenvirtuosen, Schachgroßmeister, Eisschnellläufer usw. Die Forscher haben herausgefunden, dass der größte Unterschied zu den weniger erfolgreichen darin besteht, dass die besseren einfach sehr viel mehr trainieren. Tatsächlich könnte die wichtigste Gabe einfach nur das Talent zum anhaltenden Üben sein …“[1]

Möchten Sie das noch erleben? Ich meine das regelmäßige Einkommen, das Ihnen 100, 300 oder 1.000 regelmäßige Kunden bescheren können?

Ich kann Ihnen nicht versprechen, dass es bei Ihnen funktionieren wird, aber was wäre, wenn es bei Ihnen genau so klappt wie bei mir?

Was habe ich gemacht, damit es wahr wird? Lassen Sie es mich erklären, wo ich jetzt verstehe, was ich damals gemacht habe. Ich versetzte mich in die Lage meiner Kunden und benutzte Worte,

---

1 Atul Gawande, Complications 2002, S. 20.

von denen sie sich angesprochen fühlten, oder die es ihnen leicht machten, mich sofort wissen zu lassen, dass ich mit der falschen Person sprach.

Ich bewahrte meine Selbstachtung, indem ich die Falschen gehen ließ und indem ich, so oft ich konnte, als erster *Nein* sagte. Dann wendete ich wieder und wieder und immer immer wieder meinen Lieblings-Hot-Button an. Bis ich es im Schlaf konnte, Tag und Nacht, betrunken oder nüchtern und ganz gleich, ob ich nun gerade erschöpft, deprimiert oder verärgert war.

Die neuen Skripte und die dahinter stehenden Konzepte kommen für die Menschen unerwartet. Verkäufer können sich nicht vorstellen, mit ihren Interessenten auf diese Weise umzugehen und die Kunden erwarten von einem Verkäufer nicht, dass er sein Angebot in dieser Form präsentiert.

Die Skripte sind das genaue Gegenteil von dem, was Leuten im Vertrieb normalerweise beigebracht wird. Es wurde mir berichtet, dass die Formulierungen in den Skripten die Interessenten aufschließen. Sie betrachten ihren Gesprächspartner auf einmal als Freund und Berater statt ihn als aufdringlichen Verkäufertypen zu empfinden.

Auch ich habe früher manchmal wie ein Verkäufer geklungen, doch dann habe ich vor vielen Jahren die Formulierungen entdeckt, die einen Interessenten aufschließen und ich habe mir viel Mühe gegeben, sie kontinuierlich anzuwenden. Jetzt kommen sie wie von selbst aus meinem Mund. Sie sind ein Teil von mir, für jeden Hot-Button, den ich wähle.

Sie könnten auch ein Teil von Ihnen werden – wenn Sie so trainieren, wie ich es früher getan habe.

Nachdem Sie Ihre Skripte erstellt haben, legen Sie das Buch weg und tun Sie Folgendes:

1. **Tragen Sie Ihr Erstkontakt-Skript und Ihre Skripte 1, 2 und 3 immer bei sich – in schriftlicher Form oder auf ihrem PDA.**
2. **Üben Sie Ihre Texte, indem Sie sie sich LAUT vorsprechen und zwar drei Wochen lang mindestens sieben Mal am Tag.** Tun Sie dies vor dem Spiegel, mit Ihrem Hund, Ihrem Lebenspartner oder einem anderen bereitwilligen Menschen. Lernen Sie alles auswendig.

   Sollten Sie einen Tag auslassen, fangen Sie wieder von vorne an. Dadurch können Sie Ihren Skripten den Feinschliff verpassen und sie werden Ihnen bald so in Fleisch und Blut übergehen, dass Sie nie mehr in Verlegenheit geraten können, falls Sie jemand unerwartet auf Ihr Geschäft anspricht. Oder auch, falls jemand sagt: „Mir geht es genauso. Wie viel kostet das?“

   Wenn Sie nicht sofort anfangen zu trainieren, sobald Sie das Buch aus der Hand legen, wird Ihr Gehirn die ganzen Feinheiten, die Sie gerade gelernt haben, schnell wieder vergessen, denn dies alles fühlt sich für Sie nicht natürlich und selbstverständlich an – noch nicht.
3. **Betrachten Sie Ihre Schlüsselwörter als einen feststehenden, zusammenhängenden Ausdruck.** Sehen Sie zum Beispiel

Ihre Schlussfrage (“Kennen Sie jemanden, der gern mehr über ein solches Produkt erfahren würde?“) als eine feste Formulierung an, etwa so wie die aus den sechziger Jahren stammende „Antiimperialismus-kritikunfähigkeit“, oder wie das hinreißende „superkalifragelistischexpealigorisch“ von Mary Poppins.
Die Schlussfrage wird vielleicht zu einer Ihrer wichtigsten Formulierungen, so wie auch Ihr Eröffnungssatz und Ihre Zielgruppenbeschreibung.

Lassen Sie mich berichten, wie es einer Teilnehmerin an meinem Drei-Skripte-Kurs ergangen ist, die sich nicht darüber im Klaren war, welche Bedeutung die exakte Formulierung der Schlussfrage hat. Bei einem Folgemeeting erzählte sie, dass sie siebzehn Freunde und Verwandte angerufen hatte, ohne auch nur eine einzige Bestellung oder Empfehlung zu bekommen. Sie las uns ihr Skript vor und ihre Schlussfrage lautete: „Wen kennst du also?“ Die Teilnehmer am Meeting mussten nach Luft schnappen und genau so muss es auch den Freunden und Verwandten der Teilnehmerin gegangen sein, als sie sich durch die Frage unter Druck gesetzt fühlten.

Andere missratene Schlussfragen, die von Teilnehmern eingesetzt wurden, waren: „Bist du an so einem Produkt interessiert?“, oder auch: „Wen kennst du, der sich für ein solches Produkt interessiert?“ Diese Fragen üben auf die meisten Menschen schon zu viel Druck aus und man kann förmlich spüren, wie sie sich davon abgestoßen fühlen.

Die meisten von uns lernen etwas, indem wir das Wichtigste von dem, was ein Lehrer sagt, aufnehmen und dann in unseren eigenen Worten ausdrücken. Hier ist es genau umgekehrt. SIE stellen die genauen Informationen zur Verfügung und packen sie dann in die Formulierungen der drei Skripte! Tun Sie dies zumindest mit den Schlüsselformulierungen. Die Skript-Formeln funktionieren in einer Vielzahl von Verkaufssituationen.

Julia L. von *Shaklee* zum Beispiel nutzte die Formel für das Erstkontakt-Skript, um den Drei-Skripte-Kurs einer Kollegin vorzuschlagen, die sonst immer alle ihre Vorschläge ablehnte. Lesen Sie, was Julia zu dieser zweifelnden Kollegin aus ihrer Downline sagte:

„Ich habe gerade an einem Kurs teilgenommen, der sich an Vertriebspartner wendet, die nicht wissen, wie sie anderen Menschen ihre Produkte vorstellen sollen, oder die sich bewusst sind, dass sie das Falsche sagen, so wie es mir ging. Ich wusste nie, was ich über unser Produkt sagen sollte, mit dessen Hilfe ich meine Hitzewallungen losgeworden bin. Ich habe immer rumgestottert und irgendwas Vages gesagt und dann merkte ich, wie mein Gegenüber abschaltete. In diesem Kurs habe ich gelernt, mir ein Skript zu

erstellen und jetzt brauche ich nicht mehr nach Worten zu suchen. Gestern habe ich mein Skript bei einem Bridgeabend eingesetzt und beide Mitspielerinnen haben gleich das Produkt bestellt. Es war mir nicht einmal peinlich, in Gegenwart ihrer Ehemänner darüber zu sprechen. Kennst du jemanden, der gern an so einem Kurs teilnehmen würde?"

Die Kollegin hat sich zum Kurs angemeldet.

Der in der Branche wohlbekannte Autor John Milton Fogg hat die Skript-Schlussfrage eingesetzt, um die E-Book-Version seines neuesten Buches per E-Mail zu promoten. Er begann seine E-Mail so: „Der selbst ernannte Präsident des internationalen Verbands der Skript-HASSER (das bin ich) hat seine Meinung geändert!" Im weiteren beschreibt er einige der Highlights seines E-Books, um dann wie folgt zu schließen: *„Kennen Sie jemanden, der gern mehr über ein solches Buch erfahren würde?"*

In seiner eleganten Ausdrucksweise weist er dann darauf hin, dass die Schlussfrage „allen Druck wegnimmt. Es ist kein Verkaufsabschluss mehr, es ist eine Einladung für Empfehlungen ..."[1]

1 E-Mail von John Milton Fogg an Kim Klaver vom 04.02.2004. Vgl. http://whowho911.com/new_book.html

Telefonische Kaltkontakte

Mit Ihrem Hund zu üben, hilft Ihnen, die Worte auswendig zu lernen, aber häufig reicht das noch nicht. Davon wird man die Hemmungen nicht los – die Klöße im Hals, die einen davon abhalten, den Telefonhörer abzuheben, um einen Verkaufsanruf mit einem richtigen Menschen am anderen Ende der Leitung zu machen.

Karteileichen oder „kalte Kunden" anzurufen konnte dieses Problem bei vielen beheben, die an den Folgemeetings des Drei-Skripte-Kurses teilgenommen haben, so wie das Arbeiten an Leichen den Medizinstudenten die Angst davor nimmt, eine Lunge zu punktieren oder ein falsches Organ herauszuschneiden.

Unsere kalten Kunden fanden wir entweder auf Adresslisten oder in den örtlichen Gelben Seiten. Die Wahrscheinlichkeit, dass die Angerufenen zu Kunden werden, ist so gering, dass es keine Rolle spielt, wenn Sie es vermasseln. Der Wert dieser Vorgehensweise liegt darin, dass Sie so mit realen Menschen üben können. Der Spiegel, Ihr Hund oder Ihr Lebenspartner können Ihnen da nur begrenzt weiterhelfen …

Die Idee dabei ist es, wenigstens 100 Anrufe wöchentlich zu machen – einfach nur, damit Sie Ihr Skript mindestens 100 Mal pro Woche üben können und das über einen Zeitraum von mindestens 4 Wochen hinweg.

Was zählt, ist, entweder eine Nachricht zu hinterlassen oder mit der Person live zu sprechen. Aufzulegen, ohne etwas gesagt zu haben oder falsch verbunden zu sein, zählt nicht.

Niemand erwartet, dass Sie auch nur einen Verkauf abschließen oder eine einzige Empfehlung bekommen, obwohl auch das gelegentlich vorkommt. Sie sollen nur IHRE SPRACHGEWANDHEIT TRAINIEREN. So wie Gewichtheber mit Hanteln trainieren, so trainieren Sie mit dem Telefonhörer Ihre Ausdrucksfähigkeit.

Drei Tipps für telefonische Kaltkontakte:

1. Sie können mit dem vollständigen Erstkontakt-Skript oder mit dessen Kurzversion arbeiten. **Hier ist ein Beispiel für eine Kurzform:** „Guten Tag, mein Name ist .... Ich möchte gern mit Mary Jones sprechen. Ist sie da? ... Danke ... Mein Name ist ... und ich betreibe in unserer Stadt ein Geschäft. Ich rufe jeden in der Nachbarschaft an, um eine Frage zu stellen. Haben Sie eine Minute Zeit?“

Beispiel A.

„Meine Firma hat ein Produkt für Menschen herausgebracht, die extrem übergewichtig sind, so wie ich früher und es nie geschafft haben, abzunehmen und die sich nicht operieren lassen möchten. Kennen Sie jemanden in Ihrer Nachbarschaft, der gern mehr über ein solches Produkt erfahren würde?"

Beispiel B.

„Meine Firma hat ein Produkt herausgebracht für Eltern, deren Kinder schlechte Esser sind, so wie meine auch und die sichergehen möchten, dass ihre Kinder alle wichtigen Nährstoffe erhalten. Meinen Sie, jemand in Ihrer Nachbarschaft würde gern mehr über ein solches Produkt erfahren wollen?"

Beispiel C.

Ich stelle eine Dienstleistung für Männer vor, die nicht gerne einkaufen gehen, so wie ich. Kennen Sie jemanden, der gern mehr über so einen Service erfahren würde?"

Nach 100 Anrufen mit Ihrer Kurzversion machen Sie 100 weitere mit dem vollen Skript, oder umgekehrt, je nachdem, wie herum es Ihnen lieber ist. Machen Sie das jede Woche, bis Ihnen das ganze Skript ganz leicht und locker von der Zunge geht und es sich so anhört, als würden Sie sich am Küchentisch mit einem alten Freund unterhalten.

2. **Achten Sie darauf**, dass Sie statt „Ich stelle ein Produkt vor..." sagen **„Meine Firma hat ein Produkt herausgebracht..."**. Dieser Anfangssatz ist wirkungsvoller, wenn Sie ein reines Verkaufsgespräch beginnen.

3. **Suchen Sie sich eine vertraute Person, die bei Ihren Anrufen zuhört**, auch wenn Sie meinen, es alleine schaffen zu können. Sie wird Überbleibsel von Verkäuferjargon heraushören, die sich in Ihr Skript eingeschlichen haben könnten, wie z. B. „Oh, es ist wirklich ein tolles Produkt" oder „Ich bin so aufgeregt" usw.

Freunde und Folgemeetings: Gemeinschaft und Verantwortung statt Vertrauen und Glauben

Ein Freund ist ein guter Ersatz für mangelndes Selbstbewusstsein. Viele Menschen unternehmen mit einem Freund Dinge, die sie alleine nicht tun würden, wie z. B. jeden Morgen zu joggen oder Kundenanrufe zu machen. Sie kichern gemeinsam, sie vermasseln Anrufe gemeinsam, sie haben gemeinsam Angst. Sie bauen sich gegenseitig auf, so dass Sie auch tatsächlich zum Hörer greifen, statt sich mit Papierkram zu beschäftigen.

Die Folgemeetings sind dafür bestimmt, den Teilnehmern der Drei-Skripte-Kurse zu helfen, die nötige Übung zu bekommen, um ihr Endkundengeschäft ins Laufen zu bringen.

Für viele Teilnehmer ist es der Höhepunkt der Woche und sie freuen sich schon darauf, über ihre Erfahrungen zu berichten. Auch wenn sie nicht so viel getan haben, wie sie sich vorgenommen hatten, so macht es ihnen doch Freude, zu erzählen, dass sie überhaupt etwas gemacht haben. Zusätzlich werden neue Skripte entworfen, Probleme angesprochen und gelöst sowie Erfahrungen ausgetauscht über das, was funktioniert. Das kann von *Home Parties* bis hin zum Katalogversand gehen.

Es macht also nichts, wenn Sie kein Selbstbewusstsein besitzen. Holen Sie sich einen vertrauten Menschen und machen

Sie die ersten Schritte gemeinsam. Bald schon werden Sie beide mit neugewonnenem Selbstvertrauen zum Hörer greifen. Und es macht nichts, wenn Sie zu neu im Geschäft sind, um an Ihren Erfolg zu glauben, oder wenn der Misserfolg und die Ablehnung, die Sie erlebten, Ihre Vision geschwächt haben. Manche machen die Anrufe nur, um beim nächsten Folgemeeting etwas Spannendes zu berichten zu haben. Sie erzählen, dass allein diese wöchentlichen Telefongespräche bereits ihr Selbstvertrauen gestärkt haben. Und alle können es kaum abwarten, diesen Geschichten zuzuhören.

Nach dieser langen Übungsphase

werden Sie es kaum mehr erwarten können, endlich einen richtigen Anruf zu machen, oder zu einem Selbständigen-Meeting zu gehen. Oder vielleicht wollen Sie Ihre Skripte bei einem Treffen mit Bekannten ausprobieren? Vielleicht erinnern Sie sich auch an alte Kunden, die schon seit einer Weile nichts mehr bestellt haben, oder sogar an Freunde und Verwandte, deren Telefonnummer Sie schon seit langem weggelegt hatten …

Was wäre, wenn die Leute Ihnen nicht mehr die kalte Schulter zeigen oder gleich kehrtmachen, wenn sie Sie kommen sehen?

Das Folgende passierte drei Frauen, die das Drei- Skripte-Training besuchten und die sechs Wochen lang an den *Shaklee*-Folgemeetings teilnahmen. Hier sind Auszüge aus an mich gerichteten E-Mails und Zitate dessen, was sie während der Folgemeetings erzählten.

Miriam G., 10 Jahre Erfahrung:

„Bevor ich am Drei-Skripte-Kurs teilnahm, vermied ich es immer, zu Selbständigen-Meetings zu gehen, weil ich Angst hatte, jemand würde mich nach meinem Geschäft fragen. Lassen Sie mich erzählen, was passierte. Seit dem Kurs bin ich so darauf vorbereitet, die gefürchtete Frage [Was machen Sie so?] zu beantworten, dass ich gestern bei einem Meeting der Industrie– und Handelskammer das war, was meine Söhne eine „Magnetbrumme“ nennen würden. Ich habe mich noch nie im Leben so attraktiv gefühlt. Es fühlte sich einfach TOLL an.

Durch mein Skript war ich so gut vorbereitet, dass mein Selbstbewusstsein und meine Leidenschaft für mein Geschäft wie ein Magnet wirkten. Die Leute kamen einfach auf mich zu und wollten wissen, was ich mache. Meine Antwort war:

‚Ich vertreibe ein Produkt für Menschen mit Schmerzen und Beschwerden, die keine Medikamente nehmen wollen, so wie ich. Bevor ich das Produkt kennen lernte, fühlte ich mich, als ob ich auf die 70 zugehe anstatt auf die 50. Nach etwa zwei Wochen, in denen ich das Produkt nahm, fühlte ich mich wie mit 25. Kennen Sie jemanden, der gern mehr über ein solches Produkt erfahren würde?‘

Den ganzen Abend lang kamen interessierte Menschen

auf mich zu. Das hat wirklich Spaß gemacht und ich konnte tolle Kontakte knüpfen … Danke, Kim, für einen Kurs, der die Zukunft meines Geschäfts wirklich verändert hat. Ich bin schon seit 10 Jahren dabei, doch jetzt beginnt eine völlig neue Erfahrung."

Mary A., 31 Jahre Erfahrung:

„Der Drei-Skripte-Kurs hat mein Geschäft und mein Leben völlig verändert. Hier sind meine Umsatzsteigerungen, seitdem ich die drei Skripte einsetze: 1. Monat – ca. 500 Dollar, 2. Monat – ca. 1.000 Dollar, 3. Monat – ca. 1.500 Dollar.

Ich habe vorher nie Anrufe gemacht, weil ich nicht wusste, was ich sagen sollte. Jetzt LIEBE ich es. Ich hatte vorher so eine Angst vor dem Telefonieren, doch jetzt sagen mir alle: ‚Vielen Dank für Ihren Anruf!' Das überrascht mich immer wieder!"

Janet O., 17 Jahre Erfahrung:

„Ich bin sprachlos, ich kann einfach nicht fassen, was seit dem Kurs und den Folgemeetings alles passiert. Ich habe meinen Umsatz verdoppelt. 1.500 Dollar Produktverkäufe letzte Woche, weitere 2.100 Dollar diese Woche, alle aufgrund von 86 Anrufen, die ich letzte Woche gemacht habe – und diese Woche habe ich zehn weitere gemacht …

Zum ersten Mal habe ich Spaß daran – ich bekomme eine positive Reaktion. Durch die Skripte weiß ich, was ich sagen soll und die Folgemeetings helfen mir bei der Umsetzung. Es macht wieder Spaß bei ***Shaklee****. Ich ging zu dem Kurs in der Hoffnung, einen Funken Inspiration zu bekommen, aber was ich erhielt, war ein Feuer. Ich hatte schon ans Aufhören gedacht, aber jetzt bin ich wieder Feuer und Flamme!"*

Ich wünschte, ich hätte hier den Platz, um von all den anderen Kursteilnehmern mit ähnlichen Umsatzsteigerungen zu berichten. Alle werden sie von dem Feuer angetrieben, das ihre neuen Skripte in ihnen entfacht haben.

Nur wenige der Erfolge setzten jedoch sofort ein. Die drei weiter oben vorgestellten Frauen haben ihre Texte so lange geübt, bis sie ausreichend selbstbewusst waren, um sie in der Öffentlichkeit anzuwenden. Und jeder in den Folgemetings macht dasselbe. Zuerst üben sie vor dem Spiegel oder mit ihrem Hund, dann nehmen sie sich einen vertrauten Menschen und probieren es aus, oft zunächst mit Kaltkontakten …

Wie lange wird es dauern, bis ich richtig gut bin?

Anthony Robbins stellte einmal diese Frage:

„Wenn man etwas 84 Mal üben muss, bevor man darin gut ist, wie lange wird das dann dauern?“

Nehmen wir an, Sie müssten Ihr „Skript für das erste Treffen“ 84 Mal üben, um gut darin zu sein.

QUIZFRAGEN

1. Wenn Sie es ein Mal pro Jahr üben würden, wie lange würde es dauern, bis Sie wirklich gut darin sind?
2. Was wäre, wenn Sie es ein Mal pro Monat üben würden?
3. Wie wäre es bei einem Mal pro Woche?
4. Einem Mal pro Tag?
5. Sieben Mal am Tag?
6. Zwölf Mal am Tag?

ANTWORT:

Zwischen sieben Tagen und 84 Jahren.

Moral: Je öfter Sie üben und je kürzer die Abstände zwischen den verschiedenen Übungseinheiten sind, desto schneller werden Sie gut.

Um eine „unbewusste Kompetenz“ zu erlangen, so Anthony Robbins, um also ohne Nachdenken das Richtige zu tun, müssen

Sie es sieben Mal pro Tag über 21 Tage in Folge üben.

Viele sind überrascht, wenn ich ihnen erzähle, dass meine Erfolge sich nicht von allein eingestellt haben. Auch ich musste üben – wieder und wieder und immer immer wieder üben. Weder verfüge ich über angeborene Talente, noch bin ich ein geborenes Vertriebsgenie. Und ich habe noch nie schnell gelernt.

Als Kind lernte ich nur langsam und mit viel Überwindung das Klavierspielen, indem ich unter den gestrengen Augen meiner Mutter, die Konzertpianistin war, stundenlang Tonleitern übte. Zu meiner Überraschung wurde ich besser und immer besser – dieses Gefühl war so toll, dass ich mich daran erinnern kann, wie mir das Üben insgeheim Spaß machte. Und eines Tages konnte ich Beethovens Mondscheinsonate auswendig spielen. Nicht so gut wie ein Meisterpianist, aber immerhin gut genug, um mir selbst gerne zuzuhören.

Zu lernen, wie man mit Computern umgeht, war eine weitere Herausforderung. Ich hasste es, dass ich die Softwareanleitungen nicht verstand, die den von mir gekauften Computerprogrammen beilagen. Ich musste meinen Stolz hinunterschlucken und mir Softwarebücher für blutige Anfänger kaufen. Selbst Tennis, wofür ich scheinbar ein Händchen habe, war etwas, das ich jeden Tag stundenlang trainieren musste, wenn ich in den Spielen auf Landesebene gewinnen wollte.

Was mir geholfen hat, über die Jahre an meinem starken Bestreben festzuhalten, sind Geschichten über Menschen, die großen Erfolg in Bereichen hatten, von denen sie zu Anfang nichts wussten, oder wofür sie kein spezielles Händchen hatten. Sie verfügten nur über ein starkes Verlangen. Sie hatten einen Grund, sich dafür einzusetzen und es wieder und wieder immer immer wieder zu üben, bis sie es besser konnten.

Einen kleinen Fortschritt zu sehen, unabhängig davon, wie klein er ist, ermutigt mich weiterzumachen. Jeder Fortschritt ist ein Beweis dafür, dass ich mich verbessern kann. Mit ausreichend viel Zeit könnte ich in allem, was ich möchte, eine Expertin werden.

Der Chirurg Atul Gawande fasst in seinem inspirierenden Buch *Complications* seine eigene Reise zusammen, die elf Jahre dauerte, um ein anerkannter Chirurg zu werden:

„Ich habe herausgefunden, dass ich weder besonders begabt noch besonders ungeschickt bin. Wenn ich immer weiter übe, bekomme ich den Dreh raus." (S. 22)

In der Medizin, fügt er hinzu „strebt man nach Perfektion ohne Übung", doch das ist nicht möglich, weder in der Medizin noch im normalen Leben.

Üben heißt Fehler zu machen. Keiner mag das. Aber wir müssen immer weiter üben, bis wir es richtig machen – jedenfalls öfter als vorher.

Ben Hogan, ein großer Golfspieler, erzählte einmal einem jungen, aufstrebenden Golfer: *„Jeden Tag, den Sie nicht üben, sind Sie einen Tag weiter davon entfernt, gut zu sein."*

Wussten Sie, dass der Basketball-Superstar Michael Jordan und der American-Football-Star Jerry Rice, der für den größten Teil seiner Karriere bei den *San Francisco 49ers* war, mehr trainierten als irgendein anderer ihrer Teamkollegen? Und Mozart, das Wunderkind, übte so viel, dass er mit 28 Jahren verunstaltete Hände hatte.

Ohne regelmäßig zu üben, so wie diese Berühmtheiten, hätte ich es nie geschafft, wirklich gut zu werden.

Möchten Sie nun die vierte Selbstverpflichtung eingehen? Ich werde Ihnen dabei helfen …

Vierte Selbstverpflichtung

Es wieder und wieder und immer immer wieder tun.

Schließen Sie die Augen und sagen Sie es laut und von ganzem Herzen.

TEIL 2

100 KUNDEN IN 100 TAGEN

12

Der Start

Es ist nun Zeit, mit Vollgas die Sache in der Praxis zu üben, mit wahrhaftigen Interessenten, von denen mancher wirklich Einer-unter-Zehn ist, einer von denen, von denen wir alle träumen ... langfristige Stammkunden.

Aber woher bekommen wir die? Bei wem werden wir unsere fantastischen Skripte einsetzen – außer dem Hund, dem Wellensittich oder Kaltkontakten?

Überraschung! Der leichteste Ort, um damit zu beginnen, ist ganz eindeutig der **warme Markt** – also jeder, der Ihren Namen kennt. Familie, Freunde, alte Schulkameraden, alte Kunden, die inaktive Downline usw.

Ich weiß, dass diese Menschen die Quelle von zahlreichen Enttäuschungen und viel Ärger waren, aber lassen Sie mich Ihnen erzählen, was Teilnehmern am Drei-Skripte-Training passiert ist. Sie haben einen Freund oder einen Verwandten angerufen und waren sich eigentlich sicher, dass die Person sagen würde: „Ruf' mich deswegen bitte nicht mehr an" – genau das also, was sie auch schon früher gesagt hatte.

Stattdessen berichteten meine Teilnehmer jedoch, dass sie nach der letzten Zeile ihres Skripts – „Kennst du jemanden, der gern mehr über ein solches Produkt erfahren würde?" – einen Seufzer der Erleichterung durch das Telefon hören konnten. Öfter als jemals zuvor erhalten sie zumindest eine Empfehlung, wenn nicht sogar eine Bestellung. Das Beste dabei ist: die Gespräche verlaufen angenehm und sie haben immer noch einen Ort, an den sie zum Weihnachtsessen gehen können.

Hier sind einige Kommentare von Kursteilnehmern, die ihre neuen Skripte in ihrem warmen Markt eingesetzt haben (mehr dazu in dem späteren Kapitel „Der warme Markt").

> Ruth Ann von *Mannatech* sprach mit 50 Personen in ihrem warmen Markt und erhielt 9 Bestellungen für insgesamt ungefähr 900 Dollar Umsatz. Sie sagte: *„Ich spürte einige Zurückhaltung, während ich mein Skript durchging. Doch bei der letzten Zeile [„Kennst du jemanden, der gern mehr über ein solches Produkt erfahren würde?"] spürte ich, wie sich meine Gesprächspartner am anderen Ende der Leitung entspannten …"*

> Sandra von *Isagenix* sprach mit 13 Menschen aus Ihrem Bekanntenkreis und erhielt zwei langfristige Kunden sowie drei Empfehlungen, eine davon für den Eigentümer eines Fitness- Clubs. Sie sagt: *„So etwas ist mir noch nie zuvor passiert. Die Arbeit macht mir jetzt Spaß."*

Der kalte Markt stellt ebenfalls eine vorzügliche Quelle für Stammkunden dar – besonders dann, wenn Sie bereits über Erfahrungen mit dem kalten Markt verfügen und wenn Sie das Durchhaltevermögen und die Finanzen haben, um alles durchzustehen. Mit der Kurzversion des Erstkontakt-Skripts lässt sich schnell das Eis brechen, bei örtlichen Unternehmern, Kaltkontakten und Zufallsbekanntschaften. Ein auf 30 Sekunden Länge verkürztes komplettes Erstkontakt-Skript stellt eine wirkungsvolle Zielgruppenwerbung dar.[1]

Hier ist eine Geschichte vom kalten Markt von Rhonda B. von *Neways* in Australien, deren Ehemann mit einem neuen Vertriebspartner im Schlepptau von Tür zu Tür zog (mehr Geschichten vom kalten Markt in einem später folgenden Kapitel).

„Nachdem ich meinem Ehemann von der Bestellung erzählt hatte, die ich mit meinem neuen Erstkontakt-Skript von einem Bankangestellten bekommen hatte, entschloss er sich, sein eigenes Skript zu erstellen und dann mit einem unserer neuen Vertriebspartner von Tür zu Tür zu ziehen. Sie klopften an 54 Türen, 24 Mal war jemand zu Hause. Von den 24 sagten acht „Nein“, drei kauften gleich auf der Stelle das Starterpaket und der Rest war interessiert und muss noch

1 Vollständige Erstkontakt-Skripte sind HÖCHSTENS 45 Sekunden lang. Infomercials sind meist sogar auf 30 Sekunden beschränkt.

nachbearbeitet werden.
Mein Ehemann ging mit seinem neuen Geschäftspartner am nächsten Tag wieder raus und sie konzentrierten sich diesmal auf nur eine Straße. Sie verkauften dabei ein Starterpaket und schrieben eine Frau ein, die die beiden schon beobachtet hatte, wie sie die ganze Straße abliefen. Sie wartete, bis sie endlich zu ihr kamen. Dann erzählte sie ihnen, dass sie schon früher einmal angesprochen worden war. Seitdem hatte sie auf jemanden wie uns gewartet, der vorbeikommen und mit ihr den Vertrag machen würde.
Wir sind bei ***Neways*** *seit nunmehr sechs Jahren. Wir haben noch nie so etwas gefunden wie das, was Sie uns beibringen. Wir haben immer mit uns selber gekämpft, ob wir uns mehr auf die Geschäftsgelegenheit oder mehr auf die Produkte konzentrieren sollten … Jetzt spüren wir Hoffnung, wo zuvor so viel Frustration war.“*

Sie können Ihre Skripte und die Konzepte zur Skripterstellung auch im Internet nutzen. E-Mail-Zusatzzeilen auf der Grundlage Ihrer Lieblingslösungen können jede E-Mail in ein Werkzeug für virales Marketing verwandeln und sie eignen sich auch für Visitenkarten und Broschürenaufkleber. Wenn Sie ernsthaft daran interessiert sind, das Internet für Ihr Marketing zu benutzen, können Sie eine Webseite zur Kundengewinnung erstellen und Interessenten darauf hinweisen.

Lesen Sie, was eine Teilnehmerin am Drei-Skripte-Kurs, die sich eine Kunden-Site erstellt hat, während einer Telefonkonferenz zu sagen wusste:
„... Ich habe meine Site nun seit zwei Monaten. Ich bin neu in diesem Geschäft und habe schon eine Menge gelernt. Ich habe durch diese Site bereits sechs neue Kunden gewonnen und sie wohnen alle weit weg. Durch meinen warmen Markt wäre ich nie an sie herangekommen. Ich erhielt diese Kunden durch einen einfachen Verweis auf meine Kunden-Website und ich habe gerade mal vor drei Wochen damit begonnen ... Ich denke, diese Kunden-Sites sind das Beste, was je in diesem Geschäft passiert ist.“

Deb B., ***Ideal Health***

Teile Ihrer Skripte können Sie auch für die Nachrichten benutzen, die Sie in der Voicemail Ihrer Interessenten hinterlassen und für den Begrüßungstext auf Ihrem eigenen Anrufbeantworter. Die Kursteilnehmer berichten von einer noch nie dagewesenen Anzahl von Rückrufen und sogar einigen Verkäufen durch die neuen Nachrichten, die sie bei Interessenten hinterlassen haben.

Das Folgende ist Kay E. von *Shaklee* passiert:
„... Ich ging mein Skript noch einmal durch und fing

dann zu telefonieren an. Ich begann mit diesem Typ, den ich zuvor schon einmal kalt angerufen hatte und der an unserem Standardpaket nicht interessiert gewesen war. Keine Antwort. Deshalb hinterließ ich eine Nachricht auf die Art und Weise, wie ich es im Kurs gelernt habe.
Dann machte ich einen weiteren kalten Anruf. Gleich danach klingelte das Telefon und es war der erste Typ … er rief mich zurück! Und das ist mir mit diesen kalten Anrufen noch NIEMALS zuvor passiert. Das hat mich so begeistert. Ich befolgte also mein Skript und schloss mit der Frage ‚Kennen Sie jemanden …‘. Er antwortete: ‚Mich!‘
Nun, er hat das Standardpaket bestellt – und ich sprach über das ‚im Dutzend billiger‘ und er wurde Mitglied! Er ist somit ein regelmäßiger monatlicher Kunde geworden …
Ich habe das, was ich gelernt habe, in die Praxis umgesetzt und meine Ergebnisse bestätigen, dass es funktioniert …“

Im Kapitel „Empfehlungen“ erfahren Sie, wie Sie Menschen ansprechen können, die Ihnen empfohlen wurden. Meine Kursteilnehmer erhalten Empfehlungen in noch nie da gewesenen Zahlen.

Sandra M. berichtet: *„Ich betreibe das* ***Shaklee****-Geschäft jetzt seit 10 Jahren. Ich hänge schon so lange auf der untersten Stufe fest, davon habe ich wirklich die Nase voll. Ich war bei Seminaren, ich war bei Treffen, ich habe Bücher gelesen, ich habe andere Skripte auswendig gelernt – aber das passte alles irgendwie nicht zu mir und es funktionierte bei mir einfach nicht.*

Dann entschloss ich mich, den Drei-Skripte-Kurs von Kim Klaver zu besuchen und habe ihn gerade letzte Woche abgeschlossen. Ich habe bereits einen großen Unterschied in meinem Geschäft festgestellt.

Ich wusste, dass meine alte Art mit den Menschen zu reden völlig falsch gewesen war. Am Tag nach dem Kursende hatte ich einen Termin. Also übte ich mein Skript im Auto auf dem Weg zu dieser Frau und dann begann ich doch mit meinem alten Verkäuferjargon. Ich bemerkte, wie ihre Augen den altbekannten glasigen Ausdruck annahmen und ich reagierte und veränderte mein Vorgehen SOFORT. Ich ließ mich nun von meinem neuen Skript leiten … Sie STRAHLTE und sagte, das würde ganz nach ihrem Ehemann klingen. Sie gab mir drei Empfehlungen – sie selbst … und zwei weitere.

In den 10 Jahren, die ich dieses Geschäft nun schon betreibe, habe ich noch nie eine Empfehlung von einem Fremden bekommen … Es scheint, als ob ich endlich im Geschäft vorankommen würde ... und der Kurs ist erst sieben Tage her. Wir haben den Menschen etwas zu sagen und ich habe jetzt gelernt, dass man gleich das Richtige sagen kann. Und das tue ich jetzt!"

Teil Zwei ist der große Marketing-Topf, aus dem Sie auswählen können, was Sie tun wollen, um diese 100, 300 oder 1.000 Kunden zu bekommen, die Ihnen Ihr **gesichertes monatliches Kunden-Einkommen** bescheren werden. Die nächsten Kapitel beschreiben, wie man die drei Skripte in einer Vielzahl von unterschiedlichen Situationen einsetzt ... bei Ihren Freunden und Ihrer Familie, bei ehemaligen Kunden, Katalog-Kunden, örtlichen Geschäftsinhabern, Kaltkontakten und Zufallsbekanntschaften. Sie enthalten zwei sofort umsetzbare Techniken, um Kunden aus dem Internet zu bekommen und zeigen Ihnen, wie Sie Ihre Skripte einsetzen können, um Nachrichten zu hinterlassen und den Begrüßungstext für Ihren Anrufbeantworter zu formulieren.

Sie wählen aus, was Sie umsetzen wollen und Sie bestimmen die Reihenfolge und die Intensität Ihres Vorgehens. Sie können sich für den Schnellweg, den mittleren Weg oder die gemächliche Variante entscheiden. Die Ansätze und Techniken sind die gleichen, so wie man aus der gleichen Kanne eine kleine, eine mittlere oder eine große Tasse mit Kaffee füllen kann. Sie entscheiden, wie viel es sein soll.

Bevor Sie beginnen ...

Unabhängig davon, was Sie tun wollen oder wie viel Zeit oder Geld Ihnen zur Verfügung steht, um auf Ihre 100 (oder mehr) Kunden zu kommen, müssen Sie sich darauf vorbereiten, wirkungsvoll und effizient vorzugehen. Das heißt, wenn Sie es noch in diesem Leben schaffen wollen ...

Hier ist eine Checkliste:

1. **Haben Sie ein Erstkontakt-Skript, das Ihnen wirklich gefällt?** Die Erstkontakt-Skripte, die Sie in den vorherigen Kapiteln gelesen haben, scheinen leicht zu kopieren zu sein. Sie sind es aber nicht. Sie sind das Ergebnis des schrittweisen Vorgehens, wie es in den Kapiteln 5 bis 8 beschrieben wird. Füllen Sie alles entsprechend den Anweisungen aus. Lesen Sie die Anweisungen sorgfältig. Es sind Kleinigkeiten, die den Unterschied ausmachen zwischen Formulierungen, die die Aufmerksamkeit eines kaufwilligen Interessenten wecken und leeren Worten, die höchstwahrscheinlich als reines Verkäufergerede zurückgewiesen werden. Der Schritt mit dem Erinnerungsraum ist ein Muss. Folgen Sie der Formel zur Erstellung des Erstkontakt-Skripts auf Seite 135 und gehen Sie die Tipps, die Ihr Skript abheben lassen, gleich anschließend durch.

Ich kann dies nicht genug betonen. Teilnehmer, die die erforderliche Zeit investierten, um die Anweisungen in den Kapiteln 5 bis 8 zu befolgen, brachten Skripte hervor, die perfekt oder fast perfekt waren. Sie enthalten Verbrauchergespräche und keinen Verkäuferjargon. Teilnehmer, die alles auf die Schnelle machen wollten oder die den Erinnerungsraum völlig ausließen, brachten Skripte im Verkäuferstil hervor, die zu ungenau oder zu lang waren, um wirkungsvoll zu sein. Es gab darauf keine positiven Reaktionen und darum mussten sie noch einmal von vorne anfangen.

2. **Kennen Sie die verschiebbaren und austauschbaren Teile Ihrer Skripte, wie die Schlüsselformulierungen und die Schlussfrage, kennen Sie Ihr Marktsegment und Ihre persönlichen Highlights?** In Kapitel 8 wird jedes Element erläutert und veranschaulicht.
3. **Haben Sie Ihr Erstkontakt-Skript und alle Teile der Skripte 1, 2 und 3, die Sie benutzen wollen, schriftlich oder in Ihrem PDA vorliegen?** Bewahren Sie sie in der Nähe Ihres Telefons und in Ihrer Tasche oder im Portemonnaie auf, damit Sie sie immer griffbereit haben, wo immer Sie auch sind.
4. **Haben Sie Ihre Skripte 21 Tage lang sieben Mal am Tag geübt?** Vor dem Spiegel, vor Ihrem Hund, Ihrer Katze, dem Fisch, dem Wellensittich oder einem anderen Haustier, das Sie bewundert? Und dann mit Kaltkontakten, so wie in Kapitel 11 beschrieben, damit Sie darauf vorbereitet sind, Ihre Skripte

jederzeit und überall einsetzen zu können?

5. *Haben Sie alle Ihre Skripte auswendig gelernt*, so dass Sie sie im Schlaf aufsagen können, bei Tag und bei Nacht, betrunken oder nüchtern und ganz gleich, ob Sie gerade erschöpft, deprimiert oder verärgert sind? Und klingen Sie dabei immer noch freundlich und natürlich?
   Ihre Skripte auswendig zu lernen, hilft Ihnen, den Drang zu überwinden, die Wörter oder die Formulierung zu verändern. Wie ein Verkäufer zu reden ist oft eine unbewusste Gewohnheit aus Ihren alten Verkaufsgesprächen und sie kann sich leicht wieder einschleichen, wenn Ihnen Ihre neuen Skripte nicht tatsächlich in Fleisch und Blut übergegangen sind.
   Okay, so weit zur Vorbereitung.
   Sind Sie bereit loszulegen?

13

Wie Sie Ihr Publikum finden

Begeben wir uns also auf den Markt. Es gibt einen sehr großen Markt. Allein in den USA leben rund 300 Millionen Menschen und in Europa sogar über 450 Millionen.

Sie haben wahrscheinlich bereits aus eigener Erfahrung gelernt, dass nicht jeder das kaufen wird, was Sie anzubieten haben. Ganz gleich, wie sehr Sie sich das auch für Ihr Gegenüber wünschen. (Sie kaufen ja auch nicht alles, von dem Sie hören, wie toll es ist, oder?)

Für neun von zehn Menschen ist Ihr Angebot wahrscheinlich überhaupt nicht auf dem Radar, oder es ist immer noch ein Bestandteil ihrer Ärger-Liste. Suchen Sie stattdessen lieber den Einen von Zehn, der gerade nach der Lösung sucht, die IHNEN so viel bedeutet. Dessen Hot-Button ist der gleiche wie Ihrer! Diese Menschen sind Ihr Publikum.

Im Filmgeschäft spricht man davon, dass ein Film „sein Publikum finden“ muss – eben jene Menschen, die sich von einem bestimmten Film oder einer ganz besonderen Art von Film angezogen fühlen. Nehmen wir beispielsweie einen Frankenstein-Film. Oder *Schindlers Liste.* Oder *Herr der Ringe.*

Würden Sie sich zu allen drei hingezogen fühlen? Manche würden vielleicht alle drei sehen wollen, die meisten fühlen sich jedoch nur von einem der drei Filme angesprochen.

Wie „finden" Filme ihr Publikum? Offensichtlich NICHT, indem man dem Publikum etwas vormacht. Wenn sich ein Drehbuchautor oder Regisseur zu sehr bemüht, ein allgemeines Publikum anzusprechen, wird die Filmstory meist zu schwach und trotz zahlreicher kostspieliger Spezialeffekte und massiver Werbebemühungen reagiert das Publikum nicht und der Film wird ein Flop.

Wie einer von Disneys aktuellen Filmen *„Alamo"*. Disney gab rund 125 Millionen Dollar für die Produktion aus und sie erwarten weniger als 10 Millionen Dollar an Einnahmen aus dem US-Kinogeschäft. Einige der Filme mit den größten Etats waren totale Flops … *Cutthroat Island* verlor 81 Millionen Dollar, *Ishtar* 47 Millionen Dollar und *Santa Claus* 37 Millionen Dollar, um nur einige zu nennen.[1]

Laut der *Motion Picture Association of America* kostet es heutzutage 64 Millionen Dollar, einen Film zu produzieren und weitere 39 Millionen Dollar, ihn zu vermarkten. Und „in den letzten fünf Jahren spielten gerade mal 6 von 1.000 Filmen ihre Kosten durch die Kinobesucher wieder herein," sagt Nick Coulter, der Chef von *Studio Alliance*. „Heutzutage müssen die wenigen Treffer

1 Diese und die anderen Film-Statistiken in diesem Abschnitt stammen von der Website http://66.102.7.104/search?q=cache:fMJFUVitZSIJ:news.bbc.co.uk/2/hi/entertainment/3621859. stm+why+movies+fail&hl=en&ie=UTF-8.

die vielen Verluste wettmachen."[1] Es ist wie ein Glücksspiel. Aber die Studios machen weiter, in der Hoffnung, dass sie eines Tages einen großen Erfolg landen, so wie mit *Titanic* und *ET.*

Die wenigen Filme, die es schaffen (d. h. mehr einnehmen als sie gekostet haben), sind diejenigen, die ihr Publikum finden. Sie machen dem Publikum nichts vor und versuchen nicht, den Hot-Button des gesamten Publikums zu finden. Sie konzentrieren sich darauf, eine Geschichte zu erzählen, die sie wirklich rüberbringen wollen, selbst wenn es gegen die vorherrschende Meinung geht. Sie schaffen sich eine Gefolgschaft, trotz der Ablehnung durch die großen Studios.

Mel Gibson finanzierte und vertrieb seinen eigenen Film selbst, weil ihn niemand wollte – jedenfalls keines der großen Studios. Er spielte nicht für das Publikum, so wie diese es wollten. Er machte seinen Film, weil ER Gefallen daran hatte. Er erzählte SEINE Geschichte, ohne danach zu fragen, welche Story sich verkaufen lassen würde. Er zog Zuschauer mit SEINEM Hot-Button an und es kamen alle in die Kinos, die den selben hatten wie er. Und da der Film umstritten war und in die Schlagzeilen kam, kamen noch mehr Zuschauer, um zu sehen, worum es bei dem ganzen Aufruhr überhaupt ging.

1 New York Times, Seite B8, 20.04.2004

Bis zum Mai 2004 hatte „Die Passion Christi“ (*Passion of the Christ*) in den USA 364 Millionen Dollar eingespielt und ist mittlerweile der profitabelste unabhängig produzierte Film in der Geschichte. Er zog die Kinobesucher mit seinem eigenen Hot-Button an und kümmerte sich um keine anderen.

Raten Sie mal, wer Zweiter ist? Genau. „Hochzeit auf Griechisch“ (*My Big Fat Greek Wedding*). Ein weiterer Film, den niemand finanzieren wollte, weil die großen Studios dachten, er habe kein großes Publikum. Die Comedy-Autorin Nia Vardallos trat in einem Nightclub in Los Angeles mit einer Geschichte über ein griechisches Mädchen auf, das einen amerikanischen Jungen heiratet. Eines Tages kam Tom Hanks vorbei und bot ihr an, die Story zu übernehmen und einen Film daraus zu machen. Auf diese Chance hatte sie seit langem gewartet, sie hatte sogar schon das Drehbuch verfasst! Sie interessierte sich nicht für das Publikum oder wie man es beeindrucken kann. Sie wollte IHRE Geschichte erzählen. Sie sagte, es hätte sie auch glücklich gemacht, wenn ihr Film nur auf Video in den Kellern griechischer Kirchen zu sehen gewesen wäre.

„Hochzeit auf Griechisch“ hat über 300 Millionen Dollar eingespielt. Nia Vardallos verließ sich auf IHREN Hot-Button und achtete auf keinen anderen. Alle, die den selben hatten, kamen in die Kinos. Sofia Coppola gewann 2004 einen Oscar für das beste Drehbuch für ihren Film *„Lost in Translation“*.

Als sie die Nachricht von ihrer Nominierung erhielt, meinte sie:

> *„Das ist kaum zu glauben. Wenn man eine persönliche Geschichte erzählt, ohne sich Gedanken über das Publikum zu machen, dann ist es aufregend, wenn sich die Leute von der Erzählung angesprochen fühlen. Es gibt nichts Besseres als das.“* [1]

Sie setzte ihren eigenen Hot-Button ein. Sie schrieb ein Drehbuch darüber und ging damit auf den Markt. Sie dachte nicht darüber nach, wie sie dem Publikum gefallen könnte. Sie erzählte IHRE Geschichte.

Wer weiß denn eigentlich wirklich, wie man ein Publikum mit Sicherheit beeindrucken kann? Wer weiß denn schon, was wirklich auf der Änderungsliste einer Person steht? Wer weiß, was der Hot-Button eines wildfremden Menschen ist?

Das „Persönliche“, von dem Frau Coppola spricht, ist für jeden von uns dieser eine große Hot-Button, das ist die liebste Lösung, das persönliche Highlight, das sind die lebensverändernden Ergebnisse, die uns unser Produkt beschert hat.

Je stärker Ihre Gefühle sind, umso wirkungsvoller werden Sie genau das Publikum anziehen, das für Ihre Lösung bereit ist. Gesundheitsbewusste Frauen, die ihre Hitzewallungen nicht mehr ertragen können, werden sich zu einer Frau hingezogen fühlen,

---

1 New York Times, 28.01.04

die ihnen mit Überzeugung sagt, dass sie keine mehr hat und dass ihr das ohne Medikamente gelungen ist.

Menschen, die im Job voll gefordert sind und die nach Feierabend nicht mehr die Energie besitzen, um noch irgendetwas zu tun, könnten sich von einer hart arbeitenden Kita-Leiterin angezogen fühlen, die früher beim Babysitten ihrer Enkel einnickte und jetzt problemlos wach bleibt, bis die Kinder eingeschlafen sind.

So wie die Filmleute begeben Sie sich auf den Markt und finden Ihr Publikum – jene Menschen, die an Ihrer Geschichte interessiert sind. Einige davon werden dann so etwas wie einen Fanclub des Produkts bilden und Sie sind der Clubdirektor. Monat für Monat für Monat kaufen diese bei Ihnen. Sie leiten vielleicht einen „Keine-schmerzenden-Gelenke-mehr-Club", ein anderer könnte einen „Nachmittags-schlafe-ich-nicht- mehr-ein-Club" haben. Sie spezialisieren sich auf eine bestimmte Lösung für Menschen mit bestimmten Bedürfnissen – wie ein Herzchirurg, der sich auf Menschen mit ganz bestimmten Herzproblemen spezialisiert.

Nachdem Sie Ihren ersten „Hot-Button-Club" mit 100 (oder mehr) regelmäßig zahlenden Kunden aufgebaut haben, starten Sie vielleicht einen zweiten Club für eine andere Lösung, von der Sie begeistert sind. Oder Sie bleiben bei einem Club und werden zu einem Spezialisten für diese eine Lösung. Ihr Club wird die Stelle, an die sich die Menschen wenden, die diese Lösung wollen und damit haben Sie Ihr Publikum gefunden. Und das Publikum kann Sie finden, so wie es auch den Herzchirurgen findet.

Tödliche Ablenkungen

Das vielleicht größte Hindernis, um zu Ihren 100 Stammkunden zu kommen, ist die Versuchung, anderen Möglichkeiten zu erliegen, sich in anderen „Clubs" zu engagieren … für ein anderes Publikum, andere Lösungen, andere Hot-Buttons. Sie haben zum Beispiel gerade einen „Keine-schmerzenden- Gelenke-mehr-Club" gestartet und ein Bekannter, der auch bei Ihrem Unternehmen eingeschrieben ist, bittet Sie, einen Stand bei einer Diabetiker-Tagung mit ihm zu teilen. Ihr Bekannter meint, Sie werden „viel Geld sparen, weil Sie den Stand billig bekommen können". Und Ihr Unternehmen hat Produkte, die Menschen mit Diabetes bereits geholfen haben.

Das Problem ist, Sie haben keine persönliche Erfahrung damit, wie man Diabetes überwindet, weder Sie selbst noch jemand in Ihrer Umgebung. Sie empfinden dafür keine Leidenschaft. Es ist nur eine Verkaufsgelegenheit.

Ist das tatsächlich Ihr Publikum? …

Sagen Sie daher einfach Nein.

Wenn Sie es nicht tun, wird das zur tödlichen Ablenkung – etwas, das Ihren Fokus von IHREM Hot-Button wegnimmt. Es verbraucht Ihre Energie, Ihre Zeit und Ihr Geld. Und am Ende können Sie nicht anders als einen Verkäufergeruch zu verbreiten ... weil der einzige Grund, warum Sie an der Diabetiker-Tagung teilnehmen (oder darüber nachdenken, Zahnärzten Ihr Luftfiltersystem vorzustellen, oder einen Vortrag vor einer Fibromyalgie-Selbsthilfegruppe zu halten oder vor einem anderen Publikum), die Verkaufsgelegenheit für die Produkte Ihres Unternehmens ist.

Es ist leicht, am Anfang in den „Jagd-Modus" nach einem Publikum zu verfallen, wenn Sie noch nicht so viele Kunden oder einen schwierigen Monat haben. Selbst eine neue Produktvorstellung Ihres eigenen Unternehmens kann eine Ablenkung darstellen, wenn Sie Ihren Fokus darauf ausrichten.

Falls Sie sich dabei ertappen, Kunden nachzujagen und Ihren Fokus zu verlieren, dann gehen Sie in Ihren Erinnerungsraum zurück, um Ihren Hot-Button wiederzubeleben und sich daran zu erinnern, warum sie gerade diesen ausgewählt haben. Dann denken Sie an alle die Menschen, die nur darauf warten, von Ihnen angesprochen zu werden – das sind die zukünftigen Mitglieder Ihres Hot-Button-Clubs.

Auf diese Weise ist die Selbsthilfegruppe Mothers Against Drunk Driving („*Mütter gegen betrunkenes Fahren*") entstanden. Eine Mutter setzte ihren Hot-Button ein, um in jedem amerikanischen Bundesstaat Gruppen von Müttern um sich zu scharen, die auch ein geliebtes Kind durch einen betrunkenen Autofahrer verloren hatten.

Wenn Sie Ihr Geschäft aktiv betreiben, werden tödliche Ablenkungen aller Art auf Ihrem Schreibtisch landen. Sagen Sie einfach Nein ... wenn Sie Ihr Ziel diesem Leben noch verwirklichen wollen. Zumindest bis Sie diese 100 Stammkunden haben.

14

Drei Tipps, damit man Ihnen zuhört

Hier sind drei kleine Techniken, wie Sie Ihre Interessenten ein paar Sekunden länger am Telefon halten können … und dann ein paar Sekunden mehr … und dann noch ein paar mehr …

Zeigen Sie Ihrem Gesprächspartner, dass Sie seine Zeit, seine Intelligenz und seine Entscheidungsfreiheit respektieren. Wie Seth Godin in Ihrem Buch *Permission Marketing* schreibt:

> *„Es ist nicht einfach nur gutes Benehmen, es ist profitabel, wenn wir die Menschen mit Achtung behandeln. Sie werden dann viel wahrscheinlicher das tun, was wir wollen. … Die einzige Möglichkeit, langfristige Gewinne zu erzielen, ist der respektvolle Umgang mit den Menschen.“* (2004, Seite 114).

Wie können Sie das nun erreichen?

1. **Sagen Sie ihnen, dass es schnell gehen wird**

   Signalisieren Sie gleich zu Gesprächsbeginn, dass der Anruf kurz sein wird. Und zwar so: Fügen Sie Ihrem Skript diese Aussage hinzu:

   „Ich habe nur eine Minute Zeit und ich rufe Sie an, weil …“

Dies beruhigt sofort alle, die sehr beschäftigt sind. Es sagt ihnen auch, dass Sie nicht Stunden damit verbringen werden, über die letzte Episode von Tante Lulus Familiensaga oder die Eskapaden ihrer Kinder zu reden. Bei Kaltkontakten unterscheidet Sie das schnell von anderen Verkäufern, die gern pausenlos reden, um damit zu versuchen, den Angerufenen so lange wie möglich am Telefon zu halten.

2. **Verabschieden Sie sich als Erster**
   Überraschen Sie Ihren potenziellen Kunden. Kennen Sie irgendjemanden im Verkauf, der zuerst „Auf Wiedersehen" sagt? ... Normalerweise beenden die Interessenten das Gespräch, indem sie sagen, was immer auch nötig ist, um sich aus dem Gespräch heraus zu winden und auflegen zu können.

   Fügen Sie Ihrem Skript daher eine dieser Formulierungen oder eine ähnliche hinzu:
   „Ich muss mich beeilen – ein anderer Anruf ..."
   „Ich muss mich beeilen, ich habe einen weiteren Anruf, aber ich wollte, dass Sie darüber Bescheid wissen ..."

In den folgenden Beispielskripts werden Sie sehen, wie und wann sich diese Techniken einsetzen lassen. Wenn Sie sie benutzen, wird Ihr potenzieller Kunde schnell bemerken, dass Sie nicht aufdringlich sind oder eine Menge seiner Zeit in Anspruch nehmen. Und zu seiner Überraschung wird er das Gefühl haben, dass Sie nicht einmal auf ihn angewiesen sind. Aus irgendeinem Grund wird es dadurch wahrscheinlicher, dass er sich auf ein Gespräch einlässt.

3. Die Bürstenverkäufer-Pause

„Die Bürstenverkäufer früherer Zeiten wussten genau, was sie taten. Die von Haus zu Haus ziehenden Verkäufer lernten eine einfache Grundregel: Nachdem sie an der Tür geläutet hatten, traten sie einen Schritt oder zwei zurück. Auf diese Weise fühlte sich die Hausfrau nicht bedrängt, wenn sie einem Fremden die Tür öffnete …"

(Seth Godin, 2004, Seite 114).

Übertragen auf das Telefonmarketing entspricht das Verhalten des Bürstenverkäufers einer Sprechpause, die wir schon sehr früh in unsere Eröffnungssätze einbauen sollten, damit sich der Angerufene nicht überfallen fühlt.

Eine Atempause, bevor Sie mit Ihrem Skript fortfahren, wird Ihrem Gesprächspartner die Chance geben, sich am

Gespräch zu beteiligen und ein Gefühl der Kontrolle zu haben.
Ist Ihnen schon einmal aufgefallen, wie viele Telefonmarketing-Mitarbeiter eine volle Minute Zeit oder zwei schnell und ununterbrochen reden, sobald sie Sie am Telefon haben? Das ist wie einen Fuß in den Türspalt klemmen und nicht loslassen, bis man die überraschte und erschreckte Hausfrau dazu bringt, einen hereinzulassen. Nur geschieht das hier über das Telefon. Wird sie das freuen? Oder gesprächsbereit stimmen? …

Das könnte der wichtigste Grund sein, weshalb mehr als 65 Millionen Menschen in den USA sich nicht ins Telefonbuch eintragen lassen. Sie wollen nicht von wildfremden Menschen angerufen werden, die pausenlos auf sie einreden, wenn sie beim Abendessen sitzen.

Fügen Sie also alle 15 bis 20 Sekunden eine Bürstenverkäufer-Pause in Ihren Redefluss ein, damit Ihr telefonisches Gegenüber eine Chance hat, Luft zu holen und das Gesagte zu verarbeiten. Damit „treten Sie einen Schritt zurück“, auch am Telefon.

Hier ist ein Beispiel. Nehmen wir an, dass Sie Menschen in Ihrer Nachbarschaft anrufen, um ein neues Produkt vorzustellen.

SIE

Guten Tag, Frau Jones! Mein Name ist Lulu Paws und ich lebe hier in der Nachbarschaft.[1] *Ich rufe alle in unserer Gegend an, um ihnen eine Frage zu stellen. Haben Sie eine Minute Zeit?*

[Bürstenverkäufer-Pause]

GESPRÄCHSPARTNERIN

Okay. Wie lautet die Frage?

SIE

Mein Unternehmen hat[2] *ein neues Produkt herausgebracht für alle, die seit Jahren Schwierigkeiten damit haben, ihr Gewicht zu halten und die etwas Neues ausprobieren wollen, das nichts mit Medikamenten zu tun hat – so wie ich. Kennen Sie jemanden, der gern mehr über ein solches*

1 Weitere Formulierungsmöglichkeiten je nach der Größe Ihres Einzugsgebietes: 1) Wenn Sie in einem großen Ballungsraum leben, könnten Sie es so versuchen: „Ich lebe im Stadtteil xy und ich rufe alle in unserem Viertel an, um ihnen eine Frage zu stellen ☺“ 2) Wenn Sie in einer Kleinstadt leben und einen größeren Einzugsbereich bearbeiten, dann könnten Sie sagen: „Ich lebe in xy und ich rufe alle im Umkreis von x Kilometern an, um ihnen eine Frage zu stellen ☺“ Der springende Punkt hierbei ist, dass Sie sich selbst als Bewohner derselben Stadt oder Region wie der Angerufene zu erkennen geben.

2 ODER „Mein Unternehmen hat vor einiger Zeit ein Produkt herausgebracht ☺“ in den Fällen, in denen das Produkt bereits seit einiger Zeit existiert.

Produkt erfahren würde?"

GESPRÄCHSPARTNERIN

Hmmm. Wie viel Gewicht haben Sie verloren?

SIE

40 Pfund in 3 Monaten. Jahrelang hatte ich immer wieder 10 Kilo verloren, nur um sie dann schnell wieder zurück zu bekommen und oft sogar noch mehr. Ich habe alle möglichen Diäten probiert und alle Arten von Fitnessgeräten gekauft, aber nichts hat dauerhaft funktioniert. Dann stieß ich auf dieses Produkt und verlor innerhalb von drei Monaten 40 Pfund. Das ist jetzt drei Jahre her und ich habe seitdem nicht wieder zugenommen. Wie auch immer, mir gefiel dieses Produkt so gut, dass ich mich entschloss, mich damit selbständig zu machen, um es auch anderen Menschen vorstellen zu können, denen es so geht wie mir früher. Und deswegen rufe ich an.

[Bürstenverkäufer-Pause zum Luftholen]

GESPRÄCHSPARTNERIN

Hmmm. Wie heißt das Produkt? ...

SIE

[Skript 1, Kapitel 9]

- Wenn Sie keine Frage gestellt haben und eine Atempause machen, wie im Beispiel oben, geben Sie dem potenziellen Kunden die Gelegenheit, etwas zu sagen, wenn er oder sie das möchte.
- Hören Sie aufmerksam hin, damit Sie nicht vorpreschen, wenn Ihr Gesprächspartner gerade etwas sagen will. Wenn er Ihnen eine Frage stellt, geben Sie ihm eine Antwort und dann gehen Sie zu Ihren persönlichen Highlights über, wenn das passend ist.
- Jedes Mal, wenn Sie selbst eine Frage stellen, sollten Sie auf eine Antwort warten, selbst wenn es eine lange Stille gibt (lang = mehr als 3 Sekunden).
- Preschen Sie nicht vor, um die Stille zu füllen, wie so viele andere, aus denen es dann im Verkäuferstil hervorsprudelt, so wie: *„... und es ist so aufregend ...“*. Wer weiß, vielleicht denkt Mrs. Jones gerade an jemanden, den sie kennt und der vielleicht gerne etwas über Ihr Produkt erfahren würde. Wollen Sie solch einen wunderbaren Gedanken etwa unterbrechen?
- Schließen Sie immer mit der Schlussfrage: „Kennen Sie jemanden, der gern mehr über ein solches Produkt erfahren würde?“ Und dann halten Sie den Mund.

Üben Sie das. Sie werden vielleicht einen starken Drang verspüren, etwas zu sagen, um Ihren Gesprächspartner zum Kauf anzuregen. Beißen Sie sich stattdessen lieber auf die Zunge und warten Sie auf die Antwort.

Wenn jemand nicht angerufen werden will

Die Wünsche des Kunden haben stets Vorrang. Wenn er sagt, dass er nicht im Telefonbuch steht und nicht angerufen werden will, dann entschuldigen Sie sich und versprechen Sie, dass Sie seinen Namen aus Ihrer Liste streichen werden.

Wenn Sie sich als Einwohner derselben Stadt oder Region zu erkennen geben, so wird das sicherlich sein Gefühl mindern, bedrängt zu werden. Bis jetzt habe ich noch nie gehört, dass der Mensch am anderen Ende der Leitung angefangen hätte zu schreien.

Bleiben Sie immer höflich und versetzen Sie sich in seine Situation. Sie könnten zum Beispiel sagen:
„Entschuldigen Sie bitte. Ich streiche Ihren Namen sofort von meiner Liste. Ich wünsche Ihnen noch einen schönen Tag."

Okay.

Damit sind wir bereit, uns an die Arbeit für Ihre ersten 100 Kunden zu machen.

Kann's losgehen?

15

Ihr warmer Markt

Die unangenehmen Zeitgenossen sind alle weg. An ihrer Stelle finden wir Verwandte und Freunde, die Empfehlungen aussprechen und unsere Produkte bestellen. Oder wenigstens nach Informationen fragen anstatt herumzumeckern und sich aus dem Staub zu machen.

Ein Drei-Skripte-Teilnehmer, der in der Vergangenheit keine guten Erfahrungen mit dem Verkauf an seine Verwandtschaft gemacht hatte, berichtet Folgendes:

> *„In den acht Jahren, die ich jetzt schon im Direktvertrieb bin, hat sich meine Mutter noch nie für ein Produkt interessiert, das ich verkaufe. Natürlich hat sie gesagt: ‚Oh, das ist ja schön', aber sie hat nie etwas gekauft. Dann änderte ich meine Vorgehensweise, so wie wir es im Kurs gelernt haben und nach meinem 30-Sekunden-Skript meinte sie: ‚Bestell' mir etwas davon'. Ich war total überrascht …"*
>
> – *Spencer L.,* **ForMor**

Die meisten Teilnehmer unserer Folgemeetings gehen in ihren warmen Markt und können von noch viel mehr angenehmen

Erfahrungen und der Überraschung über ihre guten Ergebnisse berichten.

Ruth Ann von *Mannatech* sprach mit 50 Menschen in ihrem warmen Markt und erhielt 9 Bestellungen für insgesamt ungefähr 900 Dollar. Sie meinte dazu:

„Ich spürte einige Zurückhaltung, während ich mein Skript durchging. Doch bei der letzten Zeile ["Kennst du jemanden, der gern mehr über ein solches Produkt erfahren würde?"] spürte ich, wie sich meine Gesprächspartner am anderen Ende der Leitung entspannten …"

Jan H. von *Melaleuca* sprach mit 43 Freunden und Verwandten und erhielt drei neue Kunden und acht Empfehlungen. Sechs Personen sagten, sie würden Jans Telefonnummer weitergeben. Zwar zeigten ihr manche die kalte Schulter, doch sie konnte der Gruppe berichten: *„Durch diese Ergebnisse fühle ich mich großartig."*

Sandra von *Isagenix* sprach mit 13 Menschen aus ihrem Bekanntenkreis und erhielt zwei langfristige Kunden sowie drei Empfehlungen, eine davon für den Eigentümer eines Fitness- Clubs. Sie sagt: *„So etwas ist mir noch nie zuvor passiert. Die Arbeit macht mir jetzt Spaß."*

Und John P. von *Mannatech* berichtet, dass er und sein Geschäftspartner nach drei Monaten mit Anrufen bei Freunden und Verwandten 60 neue Kunden bekommen haben. Er sagt:

„Meine ganze Einstellung hat sich verändert. Ich habe diese Leute noch nie angerufen. Ich wusste nie, was ich ihnen sagen sollte. Jetzt ist es so leicht, mit ihnen darüber zu sprechen …"

Raten Sie mal, was John, Sandra, Jan, Joan, Ruth Ann und Spencer Neues gesagt haben, um solche Reaktionen zu bekommen?

Ihr Erstkontakt-Skript kommt zum Einsatz, wenn Sie gefragt werden: „Was machen Sie?"

Ihr Eröffnungssatz ist dann folgender: **„Ich vertreibe ein Produkt für alle, die …"**

Aber wenn Sie den Anfang machen – wenn Sie das Gespräch beginnen oder eine E-Mail oder einen Brief schreiben … dann lautet Ihr Eröffnungssatz:

> **„Mein Unternehmen hat ein Produkt[1] für alle[2] herausgebracht, die …**

1 ODER „Mein Unternehmen hat vor einiger Zeit ein Produkt herausgebracht ☺" wenn das Produkt bereits seit einiger Zeit existiert.

2 oder „Menschen" oder „Frauen" oder …

Warme Ohren

Hier ist die Eröffnungszeile für Menschen, **die sich darüber freuen, von Ihnen zu hören** – die so genannten „warmen Ohren". Sie haben vergessen oder es stört sie nicht, dass Sie ihnen in der Vergangenheit etwas verkaufen wollten. Sie fragen Sie, wie es Ihnen geht. Hier ist ein Beispiel:

SIE

Hallo Tante Lulu. Hier ist Kim.

WARMES OHR

Oh, hallo Kim. Was gibt es Neues bei Ihnen? Oder: Was machen Sie denn so? Oder: Was haben Sie denn in letzter Zeit gemacht? Oder: Was gibt es Neues in Ihrem Leben? Oder eine andere Wie-geht-es-Ihnen-Frage.

SIE [Geben Sie gezielt auf die Frage ein:]

Lassen Sie mich Ihnen erzählen, was es bei mir Neues gibt. *Oder:* ***Lassen Sie mich Ihnen erzählen, was ich jetzt mache.*** *Oder:* ***Ich erzähle Ihnen, was ich so gemacht habe.*** *Oder:* ***Nun, lassen Sie mich Ihnen erzählen, was es Neues in meinem Leben gibt. Oder eine andere gezielte Erwiderung.*** *Ich habe nur eine Minute Zeit und ich rufe alle an, die ich kenne, um ihnen eine Frage zu stellen. Haben Sie eine Minute Zeit?*

[Pause]

[Damit machen Sie Ihrem Gesprächspartner klar, dass dies kein Privatanruf ist. Sie wollen nicht über seinen zu hohen Blutdruck oder seine Eheprobleme sprechen.]

WARMES OHR

Ja, natürlich.

SIE

Mein Unternehmen hat ein Produkt für Menschen herausgebracht[1]*, die …*

+ Ihr vollständiges Erstkontakt-Skript oder Ihr persönliches Zielgruppen-Skript.

Kennen Sie jemanden, der gern mehr über ein solches Produkt erfahren würde?

1 oder „jemanden" oder „Frauen" usw. Jedes Mal, wenn Sie in diesem Buch „für Menschen, die" oder „alle, die" sehen, können Sie auch „jemanden" oder „Frauen" oder „Männer" usw. benutzen „ je nachdem, welcher Ausdruck für Ihre Zielgruppe am besten geeignet ist.

Kalte Ohren

Hier ist die Eröffnungszeile für ***Menschen, von denen Sie denken, dass sie sich an Sie als Verkäufer erinnern werden.*** Das sind alle, die es Leid sind, von Ihrem Geschäft oder Ihren Produkten zu hören und die fürchten, dass Sie sie anrufen, um ihnen Ihre allerneueste Entdeckung anzudrehen. Der einzige Unterschied zu den warmen Ohren ist der, dass die kalten Ohren Sie normalerweise nicht fragen, wie es Ihnen geht, so dass Sie die Zeile „Lassen Sie mich Ihnen sagen, wie es mir geht" auslassen können.

Wirklich wichtig ist, sich bewusst zu machen, dass sich die Einstellung Ihres Gesprächspartners in weniger als einer Minute verändern kann, wenn er bemerkt, dass Sie ihn nur fragen, ob er jemanden kennt, der gern ein Produkt wie Ihres kennen lernen würde und dass Sie ihm nicht irgendetwas aufschwatzen oder ihn in Ihr Geschäft prügeln wollen.

So könnte solch ein Gespräch in etwa verlaufen:

SIE

Hallo, Onkel Harry. Hier ist Kim.

KALTES OHR

[Stille]

oder: Jaa? [mit ansteigender Stimme]

SIE

Ich habe nur eine Minute Zeit, weil ich alle anrufe, die ich kenne, um ihnen eine Frage zu stellen. Hast du eine Minute?

KALTES OHR

Ja?

SIE

Ich rufe dich an, weil mein Unternehmen ein Produkt für Menschen herausgebracht hat, die ... + Ihr vollständiges Erstkontakt-Skript oder dessen Kurzversion Kennst du jemanden, der gern mehr über ein solches Produkt erfahren würde?

Für sowohl warme als auch kalte Ohren können Sie, je nachdem wie gut die Person Sie kennt, etwas Freundliches einfügen wie zum Beispiel „Wissen Sie noch ...“ bzw. „Weißt du noch ...“

“Weißt du noch, wie ich morgens nicht aufstehen konnte, nachdem ich Lisa (Ihr erstes Baby) zur Welt gebracht hatte ...... bla bla bla...“

Wenn Ihr Gesprächspartner merkt, dass Sie ihm nichts verkaufen und ihn nicht in Ihr Geschäft treiben wollen, wie Sie das in der Vergangenheit vielleicht getan haben und dass Sie ausdrücklich nach jemand anderem fragen und dass es nicht unbedingt um ihn selbst geht, dann ist der Druck, den er erwartet hat, auf einmal weg und er entspannt sich urplötzlich. Hunderte von Menschen haben mir das berichtet und alle waren angenehm überrascht. Und natürlich machten sie mit ihren Anrufen weiter.

Wenn er sich nicht angesprochen fühlt und auch niemanden Passendes kennt, dann kann er einfach sagen: „Es fällt mir jetzt gerade niemand ein, aber ich halte meine Ohren offen“, ohne sich schlecht dabei zu fühlen. Oder, wenn ihn Ihre Geschichte anspricht oder er jemanden Passenden kennt, dann bittet er Sie um weitere Informationen. Oder er macht sofort eine Bestellung. Oder er gibt Ihnen ein oder zwei Empfehlungen. Sogar die kalten Ohren haben manche meiner Kursteilnehmer mit einer Bestellung überrascht.

Wollen Sie es ausprobieren? Kramen Sie Ihre alten Listen mit Freunden und Verwandten hervor und markieren Sie alle, die Sie sich trauen wieder anzurufen.

Telefonieren Sie dann gerade mal eine Stunde lang und sehen Sie, was geschieht.

Wenn jemand nicht auf Ihre neue Vorgehensweise anspricht,

dann tun Sie einfach so, als hätten Sie eine verkehrte Nummer angerufen. Sagen Sie zu sich selbst: „Schade, da wohnt niemand, der zu mir passt. Also mache ich sofort den nächsten Anruf, okay?"

Eine meiner Teilnehmerinnen, Janet H. von *Melaleuca*, gab zu, dass sie sich nicht getraute, ihren warmen Markt anzurufen. Sie schickte stattdessen E-Mails oder Briefe. Folgendes hat sie erlebt:

„Ich habe eine Liste mit 303 Verwandten. Ich hatte immer noch ein bisschen Angst, sie anzurufen, deshalb schickte ich ihnen allen letzte Woche E-Mails und Briefe mit meinem neuen Skript. Bis jetzt habe ich drei neue Kunden und ein paar wirklich nette Reaktionen per E-Mail. So schnell hat bisher noch nie jemand reagiert …"

Also, wählen Sie Ihr Werkzeug und los geht's …

16

Ehemalige Kunden und Katalogvertriebe

Ehemalige Kunden

Ehemalige Kunden sind eine überraschend gute Quelle für neue Langzeitkunden. Viele haben sehr positiv auf Anrufe von Kursteilnehmern reagiert, die ihre Erstkontakt-Skripte einsetzten.

Sie können mit ihnen per E-Mail, Brief oder Telefon in Kontakt treten. Telefongespräche führen zu den schnellsten Reaktionen, aber natürlich ist das auch die riskanteste Methode für Ihre innere Einstellung, wenn Sie nur über ein geringes Selbstvertrauen verfügen …

Auch hier sind die spezifischen neuen Formulierungen in der Eröffnungszeile zu finden.

[Telefonläuten]

SIE

Hallo, Frau Jones? … Hier ist Kim Klaver, Ihre ehemalige[1] Beraterin von Unternehmen X. Erinnern Sie sich an mich?

[Pause]

GESPRÄCHSPARTNERIN

Ja … ich glaube schon …

SIE

Frau Jones, ich habe nur eine Minute Zeit, aber ich rufe alle meine ehemaligen[2] Kunden an, denn mein Unternehmen hat ein Produkt herausgebracht für alle, die …

+ Ihr vollständiges Erstkontakt-Skript

ODER dessen Kurzversion.

Kennen Sie jemanden, der gern mehr über ein solches Produkt erfahren würde?

Es ist wichtig zu sagen „Mein Unternehmen hat … herausgebracht“ statt „Ich stelle … vor“ oder „Wir stellen … vor“, damit Sie sich vom Unternehmen abgrenzen und sich selbst als Berater positionieren können. Die Verwendung von „ich“ oder „wir“ macht Sie sofort zum Verkäufer. Und alles, was Sie dann noch sagen, wirkt verdächtig.

Die Formulierung „Ich rufe alle meine ehemaligen / besten / guten Kunden an“ signalisiert, dass das, was Sie sagen werden,

1 oder „alte“ oder „gute“, was immer zutrifft.

2 oder „besten“ oder „guten“ Kunden, was immer zutrifft.

wichtig genug ist, um es ALLEN Mitgliedern einer ausgewählten Gruppe mitzuteilen. Und „ich habe nur eine Minute Zeit“ macht deutlich, dass es nicht lange dauern wird.

Wie in den vorhergehenden Beispielen können Sie entscheiden, ob Sie Ihr vollständiges Erstkontakt-Skript oder nur die Kurzversion einsetzen wollen.

Dies hängt davon ab, wie viel Zeit Sie haben, wie vertraut Sie mit Ihrem Kunden sind und wie wohl Sie sich mit Ihrem Skript fühlen. Es bleibt Ihnen überlassen.

> Hier ist das Skript, das Bobbie C. von *Shaklee* bei einer ehemaligen Kundin eingesetzt hat:
> *„Hallo Mary, hier ist Bobbie, Ihre ehemalige Shaklee-Beraterin. Ich habe nur eine Minute Zeit, denn ich rufe alle meine ehemaligen Kunden an, weil das Unternehmen ein Produkt für Menschen herausgebracht hat, die beim Treppensteigen Knieschmerzen haben, so wie ich früher. Haben Sie eine Minute Zeit? Wissen Sie, vor acht Monaten bin ich die Treppe hinunter gefallen und habe mich am Knie verletzt. Und seitdem war ich wegen meiner starken Schmerzen ständig in Therapie. Mein Arzt gab mir ein paar Medikamente, aber davon bekam ich Magenschmerzen und ich machte mir Sorgen wegen der ganzen anderen Nebenwirkungen. Deshalb versuchte ich diese neue Einreibelotion auf meinem Knie und innerhalb von 5 Minuten spürte*

ich, wie der Schmerz fast völlig verschwunden war. Ich setzte sofort die Medikamente ab und eine Woche später hörte ich mit der Therapie auf. Das ist jetzt fünf Monate her und mein Knie fühlt sich prima an. Ich kann jetzt wieder Sport machen, so wie vor meiner Verletzung. Kennen Sie jemanden, der gern mehr über ein solches Produkt erfahren würde?"

Und Folgendes passierte ihr dann:

„Letzte Woche rief ich eine ehemalige Kundin an – eine von den Kundinnen, die nicht als Beraterin eingeschrieben sind. Diese Frau war eigentlich noch nie eine sonderlich begeisterte Kundin gewesen. Ich rief sie also an und setzte mein neues Skript für das Schmerzprodukt ein. Ihr Mann ist zufällig Orthopäde und sie meinte, dass ihr Mann das vielleicht gebrauchen könnte … und sie bestellte es für ihn.

Dann wich ich vom Skript ein wenig ab und fragte sie: ‚Möchte er vielleicht die medizinischen Informationen dazu haben?' Und sie antwortete: ‚Oh nein, die braucht er nicht. Wenn es funktioniert, dann vielleicht, aber eigentlich braucht er das nicht.' Und ich dachte mir, oh, Kim hat ja so Recht … Das war so eine exakte Bestätigung von dem, was sie uns seit Wochen gesagt hat – nichts Wissenschaftliches anzusprechen …"

– Bobbie C.,seit 27 Jahren *Shaklee*-Beraterin

Bobbie setzte ihr vollständiges Erstkontakt-Skript ein, weil sie die Kundin recht gut kannte. Wenn sie sie kaum gekannt hätte, hätte sie wahrscheinlich die kurze persönliche Zielgruppen-Version eingesetzt: *„Hallo Mary, hier ist Bobbie, Ihre ehemalige Shaklee-Beraterin. Erinnern Sie sich an mich? ... Ich habe nur eine Minute Zeit, denn ich rufe alle meine ehemaligen Kunden an, weil das Unternehmen ein Produkt für Menschen herausgebracht hat, die beim Treppensteigen Knieschmerzen haben, so wie ich früher. Kennen Sie jemanden, der gern mehr über ein solches Produkt erfahren würde?"*

Wenn sich ihr Kunde dann interessiert zeigt, kann sie ihre persönlichen Highlights und Ergebnisse später in das Gespräch einbringen, so wie wir das in Kapitel 9 besprochen haben.

Katalogvertriebe

Diese Strategie ist für die Berater von Unternehmen gedacht, die mehrmals im Jahr einen Katalog herausbringen. Sobald Sie sicher sind, dass Ihre Kunden den neuesten Katalog erhalten haben müssten, holen Sie Ihre Kundenliste hervor und machen Ihre Anrufe. Erstellen Sie zwei Listen: eine für Kunden, die Ihre Produkte benutzen und eine für ehemalige Kunden, die sie nicht mehr benutzen und die sich vielleicht gar nicht mehr an Sie erinnern. Die Skripte sind identisch, außer in den fettgedruckten Teilen. Die Teile in Klammern sind jene, die bei jedem neuen Katalog und bei verschiedenen persönlichen Zielgruppen variieren können.

Anruf bei einem aktuellen Produktnutzer

Hallo, Mona Lisa?

[Pause]

Guten Tag! Hier ist Lulu, Ihre Beraterin vom Unternehmen XY. Haben Sie eine Minute Zeit?

[Pause]

Okay, gut. Ich rufe an, weil das Unternehmen gerade einen neuen Katalog verschickt hat. Es ist der mit (der Familie an ihrem Pool) auf der Vorderseite.

Auf Seite (6) haben sie da ein ein spezielles Produktangebot für alle, die (Botox kennen, aber eine natürliche Alternative versuchen möchten). ***Ich habe gleich an Sie gedacht, weil ich weiß, dass wir über diese Art von Produkt schon einmal gesprochen haben und jetzt gibt es ein Angebot dafür.*** *Ich habe es jetzt eilig, ich habe noch einen anderen Anruf, aber ich wollte, dass Sie es erfahren, okay? Es ist auf Seite (6).*

Ja?

Ich muss jetzt weiter. Tschüss!

Natürlich, wenn Ihre Kundin gleich bestellen will, dann NEHMEN SIE DIE BESTELLUNG AN, obwohl Sie gesagt haben: „Ich habe es eilig." Sie können immer sagen: *„Natürlich kann ich Ihre Bestellung jetzt annehmen, das dauert nicht lange."*

Verweisen Sie sie NICHT auf die Website, es sei denn, dass die Kundin gezielt danach fragt. Eine spontane Reaktion der Kunden erfordert dasselbe Verhalten von Ihnen.

Manchmal sagen ehemalige Kunden, dass sie die Internet-Bestellseite später aufsuchen werden und sie tun es auch. Viele Teilnehmer haben berichtet, dass sie einen oder zwei Tage nach diesen Anrufen Bestellungen für 100 bis beinahe 1.000 Dollar erhielten, die die Kunden selbst aufgegeben haben.

Anruf bei einem ehemaligen Kunden, der sich vielleicht überhaupt nicht an Sie erinnert:

Guten Tag, Frau Smith! Hier ist Lulu, Ihre alte Beraterin von Unternehmen XY. Erinnern Sie sich an mich?

[Pause]

Ich habe nur eine Minute Zeit und ich rufe an, weil das Unternehmen gerade einen neuen Katalog verschickt hat. Es ist der mit (der Frau mit der karierten Bluse auf der Vorderseite). Auf Seite (9) wird ein Produkt für Menschen vorgestellt, die (Gelenkschmerzen haben, die immer schlimmer werden und die etwas Neues ausprobieren wollen, etwas anderes als Medikamente). ***Ich rufe Sie an für den Fall, dass Sie jemand kennen, der vielleicht gern mehr über ein solches Produkt erfahren würde.*** *Ich habe es eilig, ich habe noch einen anderen Anruf, aber ich wollte, dass Sie es erfahren, okay?*

Es ist auf Seite (9). Ich muss jetzt weiter. Ich habe einen anderen Anruf!

Tschüss!

Ich gehe davon aus, dass Sie eine Liste mit Menschen haben, die Sie anrufen wollen, so dass es der Wahrheit entspricht, wenn Sie sagen: „... ich habe noch einen anderen Anruf."

Und denken Sie daran: Wenn die Kunden bestellen wollen, dann nehmen Sie die Bestellung an!

Pat P., seit 27 Jahren sehr erfolgreich im Vertrieb für Shaklee, berichtet über die hereinkommenden Bestellungen, nachdem sie mit den Katalog-Skripten begonnen hatte:

„In einer Woche machte ich 87 Katalog-Anrufe. Ich hinterließ 47 Nachrichten, sieben Kunden riefen zurück und vier machten eine Bestellung. Drei werden nächsten Monat bestellen. In der nächsten Woche machte ich noch mehr Katalog-Anrufe und ich rief auch Menschen an, mit denen ich seit Jahren nicht gesprochen hatte und die auch nichts mehr bestellt hatten. Ich sprach mit 22 Menschen und acht davon machten eine Bestellung. Zwei werden nächsten Monat bestellen.

Eine Frau, die ich anrief, ist eine langjährige Kundin, doch sie benutzt nur zwei Produkte. Sie erzählte mir schon vor längerem, sie würde nie etwas anderes haben wollen. Deshalb erhielt sie schon lange keinen Katalog mehr. Nach dem Kurs entschloss ich mich, ihr einen Katalog zu schicken, obwohl ich mich fragte, ob das nicht Zeit- und Geldverschwendung war. Dann hinterließ ich die Drei-Skripte-Nachricht für das Schmerzprodukt. Es ist kaum zu glauben, sie rief zurück und bestellte es und sie sagte, dass sie ihren Ehemann für das Programm zur Gewichtskontrolle einschreiben wollte ...“

Diese und ähnliche Ergebnisse von anderen in der Gruppe lösten die Gerüchte über entstehende Katalogimperien aus ...

17

Empfehlungen

Eine Person, die Sie anrufen und die nicht zu den Einen-von-Zehn gehört, kennt bisweilen jemand, der zu dieser Gruppe gehört und gibt Ihnen sofort eine Empfehlung.

Erinnern Sie sich an Sandra M. von *Shaklee*, die zwei Empfehlungen von einem Kaltkontakt erhielt? Sie sagte, dass sie in den zehn Jahren, in denen sie dieses Geschäft betreibt, nie eine Empfehlung von einem Fremden erhalten hatte.

Sieben Tage nachdem sie ihr Skript zu benutzen begann, erhielt sie zwei, plus eine Bestellung von dem Kontakt selbst.

Patti K. von *Integris* schrieb mir eine Nachricht und berichtete von verschiedenen Kunden, die sie durch den Einsatz ihres Skripts bekommen hatte, einschließlich einer neuen Kundin, die ihr nun Empfehlungen gab:

„Eine der Frauen, die letzte Woche bestellten, ist eine Kundin in North Carolina. Sie erteilte diesen Monat Bestellungen für 700 Dollar. Sie rief diesen Morgen an und gab mir fünf weitere Empfehlungen. Sie ist sehr beschäftigt und möchte selbst keine Vertriebspartnerin sein …“

So kann so ein Gespräch beispielsweise verlaufen:

TANTE LULU

Nun, meine Liebe, das ist nichts für mich. Aber ich kenne jemanden, der vielleicht ein solches Produkt kennen lernen möchte. John Jones wohnt ein wenig weiter in der Straße. Er hat [das Problem, das Sie gerade angesprochen haben] und will vielleicht mehr über das Produkt wissen.

> *SIE*
>
> ***„Wie kann ich John Jones am besten erreichen?"*** *Diese Art der Fragestellung übt den geringsten Druck auf Tante Lulu aus. Sie bestimmt selbst, wie ihr Freund John angesprochen werden soll. Sie haben ihr die Entscheidung überlassen. Sie kann Ihnen entweder Johns Nummer direkt geben oder sie kann Ihnen sagen, dass sie John Ihre Nummer geben wird.*

Wenn man Menschen auf diese Weise mit Respekt behandelt, dann erhöht das die Wahrscheinlichkeit, dass sie Ihnen das nächste Mal wieder zuhören werden, wenn Sie anrufen.

Gespräch mit einer Empfehlung

Sie kennen bereits einen Großteil des Skripts für dieses Gespräch. Verschieden sind nur die Eröffnungszeile und drei Fragen, die Sie als Berater positionieren.

[Telefonläuten]

SIE

Ist dort John Jones? ... Guten Tag, mein Name ist Kim Klaver. ***Ich rufe Sie an, weil Tante Lulu meinte, Sie könnten mir vielleicht eine Frage beantworten. Haben Sie eine Minute Zeit?***

EMPFEHLUNG

Tante Lulu? Okay. Wie lautet die Frage?

SIE

Mein Unternehmen hat ein Produkt für Menschen herausgebracht, die ... *+ kurzes Erstkontakt-Skript.* ***Und sie meinte, Sie kennen vielleicht jemanden, der gern mehr über ein solches Produkt erfahren würde. Trifft das zu?*** *(Da Sie die Person nicht kennen, kann der Einsatz der Kurzversion Ihres Erstkontakt-Skripts angebrachter sein. Wenn Ihr Erstkontakt-Skript relativ kurz ist, können Sie auch das vollständige Skript nehmen.)*

EMPFEHLUNG

Jaa. Damit meint sie wahrscheinlich mich. Was haben Sie denn?

Hier stellen Sie die drei Fragen, die Sie als Berater ausweisen. Stellen Sie sie, wenn jemand wissen möchte, was Sie haben und Sie seine Situation nicht kennen.

Wenn Sie zum Beispiel bei *Dell* anrufen und sagen, dass Sie sich überlegen, einen Computer zu kaufen, wird Ihnen der Verkäufer, der dafür geschult ist, das passende System für Sie zusammen zu stellen, wahrscheinlich Fragen stellen wie: „Welche Art Computer haben Sie jetzt? Wofür wollen Sie ihn einsetzen? Was ist Ihnen wichtig bei einem Computer?"

Auch wir passen unser Angebot den Bedürfnissen der Kunden an und stellen Fragen, um dies tun zu können.

Hier sind die 3 Beratungs-Fragen.

SIE

Ich werde Ihnen sofort sagen, was ich anzubieten habe. Lassen Sie mich Ihnen nur erst ein paar kurze Fragen stellen, einverstanden?

[Bürstenverkäufer-Pause]

[Frage 1]

Was tun Sie für (die Situation) im Moment? [Hören Sie sich seine Antwort an und bestätigen Sie diese auf eine neutrale Weise. Selbst, wenn Sie denken, dass es unsinnig ist, oder wenn Sie damit nicht einverstanden sind.]

[Frage 2]

Wie funktioniert das bei Ihnen? [Seien Sie darauf vorbereitet, dass Ihr Gesprächspartner Ihnen antwortet, dass es eine Weile funktioniert hat, aber dann nicht mehr. Oder dass es nicht viel geholfen hat. Zum Beispiel: „Es funktionierte eine Weile, aber dann wurde ich rückfällig und ich aß fünf Schachteln Schokoladetrüffel auf einmal. Wenn ich depressiv bin, dann muss ich einfach essen."

[Frage 3]

Wie lange geht das schon so? Dann setzen Sie die Skripte 2b und 2c aus Kapitel 9 ein: „Lassen Sie mich erzählen, wie es mir ergangen ist …"

18

Kalter Markt

Ich habe schon immer gerne im kalten Markt gearbeitet, weil er so riesig ist und man weiß nie, was man erleben kann. Man kann keine Freundschaften ruinieren und ein „Nein“ von einem Fremden ist nicht so schmerzlich wie das von einem Freund.

Die meisten Aktionen für den kalten Markt kosten jedoch entweder viel Geld oder Zeit oder erfordern ganz einfach solide Nerven. Machen Sie eine Bestandsaufnahme Ihrer Ressourcen, so dass Sie eine Kalte-Markt-Strategie entwickeln können, die zu Ihnen passt.

Wenn Sie eine Menge Zeit, aber kein Geld haben, dann wählen Sie keine Strategie aus, die für jemanden mit viel Geld funktioniert hat. Wenn Sie lieber nicht über Ihr Geschäft sprechen wollen, während Sie Besorgungen machen oder im Fitness-Studio sind, oder wenn es Ihnen unangenehm ist, Gespräche mit Fremden zu beginnen, dann treten Sie auf die Bremse und wenden diese Methoden gar nicht erst an.

Selbst wenn andere Ihnen erzählen, wie leicht es ist. Es kann für jemand leicht sein, der anders über diese Aktivitäten denkt, aber es wird Ihnen nicht leichtfallen und Sie werden am Ende Ihr Geschäft überhaupt nicht betreiben. Wenn Sie über ein Budget zum Kauf von Kontaktadressen verfügen, aber noch keine Kaltaquise gemacht haben, sollten Sie zuerst sehr viel üben, am besten zusammen mit einem Freund.

Am Ende des ersten Teils sprachen wir über die **telefonischen Kaltkontakte**. Das ist eine Technik für den kalten Markt, die nichts kostet, weil Sie nach dem Telefonbuch oder alten Listen anrufen, die Sie vor einiger Zeit bezahlt haben. Sie tun das, um Ihre Skripte einzuüben, nicht so sehr um etwas zu verkaufen. Sie wissen, dass die Wahrscheinlichkeit, den Einen von Zehn unter den Kaltkontakten zu finden, sehr gering ist. Es gibt also keine übermäßige Enttäuschung, wenn diese dann „Nein" sagen. Nachdem Sie 100 Kaltanrufe mit Ihrem Erstkontakt-Skript und 100 mit dessen Kurzform gemacht haben, sollten Ihnen die Skripte flott von der Zunge gehen und Sie werden es kaum noch erwarten können, sie endlich bei echten Interessenten anwenden zu können.

Vielleicht ist es für Sie sinnvoller, mit Ihrem warmen Markt zu beginnen oder ehemalige Kunden wieder aufleben lassen. Wenn Sie das bereits getan haben oder wenn Sie sich gegen diesen Weg entscheiden, dann wollen wir uns nun in den kalten Markt begeben, um Ihren Hot-Button-Club zu füllen.

Hier sind drei Richtungen, die Sie im kalten Markt einschlagen können. Sie können eine oder alle wählen, das hängt von Ihren Ressourcen ab.

1. Örtliche Unternehmen und die Nachbarschaft
2. Kontaktadressen von Vermittlern
3. Zufallsbekanntschaften

Anzeigen sind zu komplex, um sie hier zu besprechen. Wir sprechen hier auch nicht über Newsletter, Vorträge, Kontaktgruppen, Messen oder Flyer. Wenn Sie Erfahrung mit einer dieser Kontaktarten haben, dann setzen Sie sie ein. Benutzen Sie die Drei-Skripte-Formeln und deren Prinzipien und sehen Sie, was passiert. Diese Optionen können dann in Folgemeetings besprochen werden.

Bevor Sie eine Kampagne im kalten Markt beginnen, sollten Sie das Material vorbereiten, das Sie einsetzen wollen, um sich selbst und Ihr Angebot vorzustellen – Visitenkarten oder Broschüren mit Ihren persönlichen Kontaktinformationen und der Kurzform Ihres Erstkontakt-Skripts … oder eine Website ohne Verkäuferjargon oder Hinweise auf die Geschäftsgelegenheit (siehe Kapitel 20 und 21).

Örtliche Unternehmen und die Nachbarschaft

Örtliche Unternehmen können eine angenehme Quelle für Stammkunden und ständig wiederkehrende Bestellungen darstellen. Klopfen Sie an eine Tür und Sie können möglicherweise jede erdenkliche Zahl von Kunden oder Bestellungen bekommen ...

Welche örtlichen Unternehmen sollten Sie ansprechen?

- Büros und Ladengeschäfte, zu denen Sie hingehen können und die von Menschen geleitet werden, die über eine Einkaufsbefugnis verfügen. Das heißt, keine Kettenfilialen, weil deren Filialleiter normalerweise nicht über Einkäufe entscheiden können.
- Büros und Ladengeschäfte, deren Kunden höchstwahrscheinlich an IHRER Lösung interessiert sind. Wenn Sie zum Beispiel nach Menschen suchen, die abnehmen und ihr Gewicht dann auch halten wollen, dann könnten Sie Fitness-Trainer, Schönheitssalons, Kosmetikerinnen, Handpflegesalons und Thermalbäder ansprechen. Dort gibt es Kunden, die Geld dafür ausgeben, um besser auszusehen. Das kann viel Freude bereiten, wenn Sie es genießen, mit Menschen zu sprechen.

Wie finden Sie sie?

- Gehen Sie die Gelben Seiten durch, entweder im Telefonbuch oder online und suchen Sie die Firmen heraus, die von örtlichen Geschäftsleuten betrieben werden. Wählen Sie die exklusiveren, deren Kunden sich Ihr Produkt leisten können und die es vielleicht gerne kennen lernen wollen.

- Wenn Sie sich in Ihrer Nachbarschaft nicht gut genug auskennen, machen Sie eine Spazierfahrt, um die Geschäfte zu erkunden. Exklusive Schönheitssalons sind gute potenzielle Kunden, wenn Sie ein Skript für Gewichtsverlust haben und Ärzte mit alternativen Behandlungsmethoden sind gut, wenn Sie auf Nahrungsergänzungsmittel fokussiert sind.
- Erstellen Sie sich eine Telefonliste mit den Firmen, die Sie ausgewählt haben und machen Sie sich daran, eine nach der anderen anzurufen …

Was sollen Sie sagen? …

Raten Sie mal …

Richtig. Die gleiche Geschichte … Was an dieser Situation besonders ist, sind die Eröffnungszeilen und ein paar Schlüssel-Formulierungen (in Schrägschrift), die während des Gesprächs in Ihre wohlbekannten und heißgeliebten Skripte eingefügt werden.

Erstkontakt-Skript für den Anruf bei einem örtlichen Unternehmen:

[Telefonläuten]

SIE (Eröffnungszeile)

Guten Tag, mein Name ist Lulu Sweet. Bin ich richtig bei ***(Name des Geschäfts, das Sie anrufen)?***

[Pause]

Okay. Gut. Ich bin selbständig hier in unserer Stadt[1] *und ich rufe alle* ***(Art des Unternehmens, z.B. exklusiver Friseursalon)*** *an, um ihnen eine Frage zu stellen. Haben Sie eine Sekunde / Minute Zeit?*

GESCHÄFTSINHABER/EMPFANG:

Gerne. Wie lautet Ihre Frage?

SIE

Wir haben ein Produkt herausgebracht für Menschen, die …

+ kurzes Erstkontakt-Skript

Haben Sie Kunden / Klienten / Patienten, die vielleicht gern mehr über ein solches Produkt erfahren würden?

[Hier endet der Einsatz Ihres Erstkontakt-Skripts in diesem Gespräch. Nun folgen die drei wichtigen Fragen, erinnern Sie sich? …]

GESCHÄFTSINHABER / EMPFANG:

Um welches Produkt handelt es sich?

SIE

+ Skript 1

---

1 oder „Kaufmann“, „Kauffrau“ oder „Unternehmer/in“

+ Skript 2

Was meinen Sie? Haben Sie Kunden / Klienten / Patienten, die vielleicht gern mehr über ein Produkt wie dieses erfahren würden?

GESCHÄFTSINHABER / EMPFANG:

Möglicherweise. Wie funktioniert es?

SIE

Haben Sie bereits Produkte, die Sie an Ihre Kunden verkaufen?

GESCHÄFTSINHABER / EMPFANG:

Ja.

SIE:

Geschieht das auf Großhandels–/Einzelhandelsbasis?

GESCHÄFTSINHABER / EMPFANG:

Ja.

SIE

Bei uns funktioniert das genauso. Sie kaufen zum Großhandelspreis ein und verkaufen zum Einzelhandels-preis.

[falls Interesse besteht]

Darf ich Sie zu einer Tasse Kaffee einladen, dann kann ich Ihnen zeigen, was wir haben und wir können sehen, ob wir zusammenarbeiten können?

Tipps für Gespräche mit örtlichen Geschäftsleuten

- Sprechen Sie mit der Person am Empfang auf die selbe Weise, wie Sie mit dem Geschäftsinhaber sprechen würden. Sie hat Zugang zum Inhaber und ist vielleicht sogar mit ihm verwandt. Sie spricht oft mit Kunden und will vielleicht auch selbst Ihr Produkt haben. Geben Sie ihr das Gefühl, etwas Besonderes zu sein. Sie sind vielleicht der Einzige, der ihr an diesem Tag dieses Gefühl gibt.

- Beginnen Sie damit, dass Sie vor Ort selbstständig sind oder ein Geschäft oder eine Firma leiten bzw. Kaufmann/Kauffrau oder Unternehmer/in sind, denn dies trifft auf Ihr Gegenüber ja genauso zu und es trägt dazu bei, ein Vertrauensverhältnis herzustellen.

- Beim (Als) zweiten Schritt bieten Sie an, Ihr Produkt auszuprobieren.

- Tipp für Arztpraxen: Viele Ärzte sind nicht offen für Alternativen zu Medikamenten und wollen keinen Rat von jemandem annehmen, der nicht ebenfalls Mediziner ist. Als ich in den Gelben Seiten nach Ärzten suchte, achtete ich in ihren Einträgen auf Hinweise, dass sie an Alternativen interessiert sind – Worte wie „Vorsorge“, „Naturheilverfahren“, „ganzheitliche Medizin“ oder „Ernährungsberatung“. Ein Arzt in San Francisco, den ich auf diese Weise fand, kauft heute immer noch das Produkt, das ich ihm vor zehn Jahren vorstellte.

- Wenn ein örtlicher Geschäftsinhaber von Ihrem Produkt begeistert ist, sendet er manchmal an seine Kunden sogar ein persönliches Empfehlungsschreiben. Oder er bittet Sie vielleicht, eine Präsentation in seinem Geschäft bzw. seiner Praxis für seine Kunden bzw. Patienten abzuhalten. Oft gibt er sich mit einem kleinen Prozentsatz vom Volumen der erzielten Verkäufe zufrieden und manchmal bekommen Sie so auch einen neuen Vertriebspartner.

In der Nachbarschaft von Tür zu Tür

Anstatt in Geschäfte und Büros zu gehen, durchforsten manche ihre Nachbarschaft. Überraschend viele finden daran Gefallen, besonders in einer freundlichen, vorstädtischen Gegend. Bleiben Sie in der Nähe von Ihrem Zuhause, damit Sie in Ihrer vertrauten Nachbarschaft sind.

Was sollen Sie sagen?

Hier ist ein Beispiel für ein Erstkontakt-Skript „von Tür zu Tür":

BEGRÜSSUNG:

Guten Tag. Mein Name ist Lulu Sweet, Ihre Nachbarin von weiter unten in der Straße.

ERÖFFNUNGSZEILE:

Ich besuche alle in der Nachbarschaft, um ihnen eine Frage zu stellen. Haben Sie eine Sekunde / Minute Zeit? …

KURZES ERSTKONTAKT-SKRIPT:

Mein Unternehmen hat ein Produkt für alle herausgebracht, die eine natürliche Alternative zu Hormonpräparaten suchen, so wie es bei mir war. Kennen Sie jemanden, der vielleicht gern mehr über ein solches Produkt erfahren würde? …

Formel: Erstkontakt-Skript für die Nachbarschaft

Guten Tag. Mein Name ist (Ihr Name), Ihr Nachbar von weiter unten in der Straße. Ich besuche alle in der Nachbarschaft, um ihnen eine Frage zu stellen. Haben Sie eine Sekunde/Minute Zeit?

\+ kurzes Erstkontakt-Skript

Wenn Ihr Nachbar „Nein" sagt, dann bedanken Sie sich für seine Zeit und verabschieden Sie sich. Wenn die Antwort „Ja" ist, dann fahren Sie mit den Skripts 1, 2 und 3 in Kapitel 9 fort.

Hier ist eine E-Mail, die mich aus Australien erreichte, von Rhonda B., deren Ehemann mit seinem neuen Erstkontakt-Skript von Tür zu Tür ging. Er hatte darauf Lust bekommen, nachdem sie ihr neues Skript erfolgreich bei einem Bankangestellten angewandt hatte.

Sie schrieb mir:

„Hallo Kim, ich habe Ihnen ja schon von meiner Geschichte mit dem Bankangestellten berichtet. Nachdem ich meinem Ehemann davon erzählt hatte, entschloss er sich, sein eigenes Skript zu erstellen und dann mit einem unserer neuen Vertriebspartner von Tür zu Tür zu ziehen. Sie klopften an 54 Türen, 24 Mal war jemand zu Hause. Von den 24 sagten acht „Nein", drei kauften gleich auf der Stelle das Starterpaket und der Rest war interessiert und muss noch nachbearbeitet werden.

Mein Ehemann ging mit seinem neuen Geschäftspartner am nächsten Tag wieder raus und sie konzentrierten sich diesmal auf nur eine Straße. Sie verkauften dabei ein Starterpaket und schrieben eine Frau ein, die die beiden schon beobachtet hatte, wie sie die ganze Straße abliefen. Sie wartete, bis sie endlich zu ihr kamen. Dann erzählte sie ihnen, dass sie schon früher einmal angesprochen worden war. Seitdem hatte sie auf jemanden wie uns gewartet, der vorbeikommen und mit ihr den Vertrag machen würde.

Wir haben Seminare bei allen bekannten Trainern besucht, doch nirgendwo haben wir so etwas gefunden wie das, was Sie uns beibringen. Jetzt spüren wir Hoffnung, wo zuvor in den letzten sechs Jahren so viel Frustration war.“

*– Rhonda B., **Neways**, Australien*

Kontaktadressen

Das sind die Namen und Kontaktdaten von Menschen, die Sie nicht kennen. Sie können sie von Adressvermittlern erhalten, die Verbraucher in Kategorien eingeteilt haben, die Kandidaten für Ihren Club sein könnten.

Woher bekommen Sie Kontaktadressen?

1. **Örtliche Adressvermittler**

   Diese finden Sie in Ihren Gelben Seiten. Die Vermittler können Ihnen Adressen in praktisch jeder Kategorie anbieten, die Sie sich nur vorstellen können – Menschen mit Interesse an alternativer Medizin, an Persönlichkeitsbildung, an allen möglichen Sportarten, karriereorientiert, mit oder ohne Kinder, im Ruhestand, in einer bestimmten Einkommensschicht, in einer bestimmten Wohngegend, nach Postleitzahl sortiert und so weiter und so fort ...

   Sie können diese Kontakte anschreiben oder anrufen und dabei die Kurzform Ihres Erstkontakt-Skripts einsetzen. Sprechen Sie mit zwei oder drei Anbietern und sagen Sie Ihnen, Sie brauchen diese Listen, weil Sie

   > **ein Produkt für Menschen vertreiben, die ...**
   > **+ persönliches Marktsegment.**

   Bitten Sie sie, Ihnen einige Kategorien vorzuschlagen, die Ihr persönliches Marktsegment abdecken. Beginnen Sie immer klein und örtlich. Testen Sie 100 bis 300 Adresskontakte. Experimentieren Sie so lange, bis Sie die Kategorie finden, die zu Ihrem Erstkontakt-Skript passt. Typisch ist eine Erfolgsquote von 0,5 bis 3%.

2. **Internet-Adressvermittler**

Einige der Drei-Skripte-Kursteilnehmer haben solche Vermittler genutzt. Sie können nach Menschen in Ihrer eigenen Stadt oder in jeder anderen Region fragen und die Auswahl durch verschiedene Merkmale, die Sie sich wünschen, eingrenzen. Manche Unternehmen bieten sogar Postkarten an, um Mailings direkt von ihrer Website aus zu starten. Sie brauchen nur Ihren Text einzufügen und der Vermittler erledigt den Rest. Es gibt verschiedene Designs, aus denen man auswählen kann. Das ist sehr praktisch. Die Preise richten sich nach der Anzahl. Für 300 Adressen mit zwei Klassifizierungen (z.B. Persönlichkeitsbildung und alternative Medizin) betrugen die Kosten rund 17 Cent je Adresse. Postkarten und Porto gehen extra. Eine super Vorgehensweise für den kalten Markt, bei den geringen Kosten.

3. **Zusätzliche Adress-Quellen** finden Sie, wenn Sie in Google das Suchwort „Mailinglisten“ eingeben. Sie werden hunderte angezeigt bekommen.

TIPP: BLEIBEN SIE IN IHRER NÄHEREN UMGEBUNG. Dadurch fällt es Ihnen viel leichter, mit interessierten Menschen ins Gespräch zu kommen und sie vielleicht zu treffen und eine Gruppe ins Leben zu rufen. Es geht auch viel schneller und kostet weniger. Wenn Menschen bei jemandem kaufen, den sie noch nicht kennen, dann tun sie dies lieber bei einer Person, die in ihrer Nähe lebt, besonders wenn es um solch innovative Produkte und Dienstleistungen geht, wie sie im Direktvertrieb und im Network Marketing angeboten werden.

Wie sollten Sie die Kontakte ansprechen?

Erstkontakt-Skript für Kontaktadressen

Beispiel für ein Telefongespräch

BEGRÜSSUNG: *Guten Tag, mein Name ist Sandra Meier. Ich möchte gern mit Sandy Price sprechen. Ist sie da? …*

ERÖFFNUNGSZEILE: *Ich rufe Sie an, weil ich in Luluville alle auf dieser Liste anspreche, die an Persönlichkeitsbildung und gesunder Ernährung interessiert sind. Trifft das auf Sie zu?*

… Sind Sie an Persönlichkeitsbildung und gesunder Ernährung interessiert?

… Ich rufe alle auf dieser Liste an, um ihnen eine kurze Frage zu stellen. Haben Sie eine Minute Zeit?

KURZES ERSTKONTAKT-SKRIPT: *Mein Unternehmen hat ein Produkt für Menschen herausgebracht, die Vitaminpräparate nehmen, aber nicht wissen, welche für sie geeignet sind, so wie es mir auch ging. Kennen Sie jemanden, der vielleicht gern mehr über ein solches Produkt erfahren würde? …*

Der Gesprächseinstieg ist das einzige Element, das sich abhängig von der Art des Interessenten, den Sie kontaktieren, ändert. Alle Eröffnungszeilen beginnen und enden mit den gleichen Formulierungen. Was sich ändert sind die Merkmale auf der Liste.

Hier sind Beispiele für unterschiedlich Merkmale.

- Teilnehmer an einer Gesundheitsumfrage, die sagten, dass sie Gelenkschmerzen haben
- Abonnenten der Zeitschrift „Eltern“
- Umweltaktivisten usw.

Folgendes ist Kay E. von *Shaklee* passiert, als sie das Skript ausprobierte.

„Ich war begeistert und wollte mein neues Skript für Kaltkontakte ausprobieren. Ich ging das Skript noch einmal durch und begann dann damit zu telefonieren … Bald hatte ich eine Frau am Apparat, die Interesse zeigte. Ich setzte das Paket-Skript ein, so wie wir es gelernt haben und sie meinte: ‚Das gefällt mir, das gefällt mir.‘

Und dann fragte sie mich: ‚Was schlagen Sie vor? Wie sollte ich beginnen?‘ Ich antwortete so, wie ich es im Kurs gelernt habe: ‚Vielleicht beginnen Sie am besten mit der kleinen Packung‘ und sie sagte: ‚Oh, das habe ich auch gedacht. Die würde ich gerne nehmen.‘ Ich fühlte mich so toll, als ich den Hörer auflegte.“

Zufallsbekanntschaften

Eine Zufallsbekanntschaft ist jemand, mit dem Sie zufällig in Kontakt gekommen sind – wenn es auch nur für ein paar kurze Augenblicke ist. Die Begegnung führt zu einem Punkt, an dem Sie gefragt werden: „Was machen Sie?"

Erinnern Sie sich noch an diese Frage? Wir haben den größten Teil von Teil Eins damit verbracht, wie Sie diese Frage beantworten sollten, damit Ihr Gegenüber keine glasigen Augen bekommt oder nicht schnell den Kanal wechselt ... eben die Reaktion, die in der Vergangenheit viele erlebt haben, weshalb sie dann meinten, nicht zu wissen, was sie eigentlich sagen sollten. Viele geben zu, dass sie die Frage nach ihrer geschäftlichen Tätigkeit fürchten, auch wenn diese zu einer Verkaufsgelegenheit führt.

Jetzt sagen die, die ihre drei Skripte beherrschen, sie können es kaum erwarten, endlich gefragt zu werden. Das ist so, weil sie wiederholt gute Erfahrungen gemacht haben, wenn sie ihr Skript einsetzen, um auf diese Frage zu antworten.

Kathys Erfahrung im Computerladen:

„Am Tag nach dem Drei-Skripte-Kurs brachte ich meinen Computer zur Reparatur ins Geschäft und sagte, dass ich ihn wirklich bald zurück brauche, weil ich mein Geschäft, das ich von zu Hause aus betreibe, hauptsächlich über den Computer abwickle. Der Computerfachmann fragte mich: ‚Was haben Sie denn für ein Geschäft?' Mir fiel mein Skript ein und so antwortete ich: ‚Ich vertreibe ein Produkt für alle, die Gelenkschmerzen haben, so wie ich früher ...' Er meinte: ‚Meine Mutter hat Arthritis, denken Sie, es könnte ihr auch helfen?' Ich erwiderte: ‚Ich weiß nicht, aber mir hat es geholfen ...' Er fragte mich: ‚Haben Sie eine Karte?' WOW!! Kurz und einfach ... kein Verkäuferjargon, keine Versprechen, keine Verallgemeinerungen, kein Fachchinesisch (Glyco-, Phyto-, Nutri– usw.), keine Krankheiten ... ich war mir früher nie so ganz sicher, was ich eigentlich sagen soll, doch JETZT weiß ich es!!

– Kathy M. von ***Mannatech***

Zufallsbekanntschaften können spontan sein, wie die von Kathy, oder geplant, wie der Besuch eines Businessmeetings bei der Industrie– und Handelskammer. Jeder dort weiß, dass es den ganzen Abend lang um die Frage „... und was machen Sie?" gehen wird und jeder hofft, dabei neue Geschäftskontakte knüpfen zu können.

Die Geschichte von Miriam G. (seit 10 Jahren bei *Shaklee*) illustriert das:

„Bevor ich am Drei-Skripte-Kurs teilnahm, vermied ich es immer, zu Selbständigenmeetings zu gehen, weil ich Angst hatte, jemand würde mich nach meinem Geschäft fragen. … Seit dem Kurs bin ich so darauf vorbereitet, die gefürchtete Frage zu beantworten, dass ich gestern bei einem Meeting der Industrie- und Handelskammer das war, was meine Söhne eine „Magnetbrumme" nennen würden. Ich habe mich noch nie im Leben so attraktiv gefühlt. Es fühlte sich einfach TOLL an. … Den ganzen Abend lang kamen interessierte Menschen auf mich zu. Das hat wirklich Spaß gemacht und ich konnte tolle Kontakte knüpfen … Danke, Kim, für einen Kurs, der die Zukunft meines Geschäfts wirklich verändert hat. Ich bin schon seit 10 Jahren dabei, doch jetzt beginnt eine völlig neue Erfahrung."

Durch Zufallsbekanntschaften kann sogar das Schlangestehen lukrativ werden. Warum sollte man nicht einen Kunden bei McDonald's, im Postamt, im Supermarkt oder am Flughafen finden können …?

Jeans Erlebnis am Flughafen

„Ich war am Flughafen in Halle C und wartete darauf, an Bord gehen zu können, als sich ein Mann hinter mich in die Reihe stellte. Wir begannen ein Gespräch und er fragte mich, was ich mache. Ich benutzte mein Skript und als ich fertig war, fragte er

mich nach meiner Karte, der Mann hinter ihm fragte mich nach meiner Karte und der dritte dahinter wollte auch eine haben. Er entschuldigte sich, dass er unser Gespräch mit angehört hatte, aber sagte, dass meine Beschreibung genau auf ihn zutraf und dass er mehr darüber erfahren wollte.

Dann nahm ich im Flugzeug meinen Platz ein und der Mann neben mir begann ein Gespräch. Als er zu der Frage kam, was ich tue, setzte ich wieder mein Skript ein und als ich fertig war, fragte er mich nach meiner Karte, damit er die Information an seine Freunde weitergeben kann. Als ich ihn fragte, was er tut, sagte er, er sei ein Kaufmann auf der Suche nach neuen Gelegenheiten. Er gab mir seine Karte und bat mich, ihn in zwei Wochen anzurufen, wenn er aus dem Urlaub zurück ist. Das ging so leicht und es macht mir viel Freude, wenn andere erkennen, wie wichtig unser Produkt für viele Menschen ist. Keine glasigen Blicke mehr, wenn ich den Menschen sage, was ich mache.

– Jean G., ***Ideal Health International***

Kleine Genießerorte sind auch gut geeignet, um den Einen-unter- Zehn zu finden, so wie Cafés oder Snack-Bars, Konditoreien, Thermalbäder, Fitness– oder Tennis-Clubs. Die Leute sagen immer, sie wollen mehr von ihrer Zeit mit dem verbringen, was sie gerne tun, wie Tennis, Golf, Bergsteigen, Segeln, einen Tag im Thermalbad verbringen oder einfach einen Cappuccino genießen. Helfen nicht einige der Produkte, die Sie vertreiben, den Menschen, genau diese Dinge zu tun, auch wenn sie älter werden – ohne

Gelenkschmerzen und ohne älter auszusehen als sie sind? Wenn Sie jemand sind, der gerne mit Menschen spricht, dann werden Ihnen Zufallsbekanntschaften als Geschäftsstrategie gefallen. Wenn Sie nicht zu dieser Gruppe gehören (oder wenigstens jetzt noch nicht) – keine Sorge. Dann tun Sie es nicht. Denken Sie einfach daran, Ihr Skript zu verwenden, wenn Ihnen jemand die berühmte Frage stellt. Manche Menschen sind der gesprächsfreudige Typ, andere eben eher nicht. Wenn Sie nicht dazu gehören, dann ist es besser, lieber etwas anderes zu tun. ☺

Tipps

Wenn Sie sich in einer Situation für eine Zufallsbekanntschaft befinden, dann wählen Sie jemanden aus, mit dem Sie ein Gespräch beginnen – der freundlich aussieht und eine gute Körpersprache hat. Sie sollten niemanden ansprechen, der mit sich selbst beschäftigt ist, in sein Handy spricht oder dessen Persönlichkeit einem eingewachsenen Zehennagel gleicht.

Die Haupt-Skripte für Zufallsbekanntschaften sind die, die Sie in Teil Eins gelernt und geübt haben. Denken Sie einfach daran, „Ich vertreibe ein Produkt für alle, die …“ als Antwort auf die Frage „Was machen Sie?“ zu benutzen. Für Zufallsbekanntschaften benutzen Sie am Anfang das kurze Skript ohne die Highlights oder Ergebnisse. Wir befinden uns im kalten Markt und hier lüften wir den Schleier noch weniger als wir das im warmen Markt tun.

Wenn Ihnen jemand spontan die berühmte Frage stellt – ohne dass Sie darauf hinarbeiten mussten, dann haben Sie leichtes Spiel. Sie wechseln dann direkt zu den Skripten, die Sie auswendig gelernt und geübt haben. Wenn Sie es anstoßen wollen, anstatt nur darauf zu warten, dass es von selbst geschieht, dann müssen Sie gut darin werden, ein Gespräch mit einem Fremden zu beginnen.

Hier ist ein Beispiel: Spät abends im Copyshop

SIE

Was machen Sie denn hier so spät am Abend?

ODER: *Kommen Sie oft hierher?*

IHR GESPRÄCHSPARTNER

Ich kopiere Unterlagen für einen Vortrag, den ich in der Schule meiner Tochter halten werde.

SIE

Oh. Was machen Sie denn tagsüber, wenn Sie nicht gerade Kopien machen? (Freundliches Lachen)

IHR GESPRÄCHSPARTNER

[seine Berufstätigkeit]

SIE

Prima. Gefällt es Ihnen?

IHR GESPRÄCHSPARTNER

[Für gewöhnlich spricht er etwas an, das ihm an seiner Tätigkeit nicht gefällt. Dann stellt er Ihnen vielleicht die berühmte Frage]:
Und was machen Sie?

Sobald Ihnen die große Frage gestellt wird, sind Sie im Spiel. Da es sich hier um einen Kaltkontakt handelt, setzen Sie Ihr kurzes Erstkontakt-Skript ein (und nicht das vollständige Erstkontakt-Skript) … und wenn Ihr Gegenüber Interesse zeigt, gehen Sie direkt zu den Folge-Skripten über (siehe Kapitel 9).

SIE [kurzes Erstkontakt-Skript]

Oh, ich vertreibe ein Produkt für alle, denen beim Treppensteigen die Knie weh tun, wie mir das früher auch ging. Kennen Sie jemanden, der vielleicht gern mehr über ein solches Produkt erfahren würde?

IHR GESPRÄCHSPARTNER:
Ja, vielleicht. Was ist das für ein Produkt?

SIE [Skript 1]

Es ist eine Lotion zum Einreiben, die man auf die Knie oder jedes andere schmerzhafte Gelenk auftragen kann. Das habe ich getan. [Bürstenverkäufer-Pause]

IHR GESPRÄCHSPARTNER:
Oh ja?

SIE [Skript 2c]

Genau genommen hat mir das Produkt so gut gefallen, dass ich mich entschloss, selbst in dieses Geschäft einzusteigen und es anderen Menschen, denen es so ähnlich geht wie mir, verfügbar zu machen. Und das ist, was ich mache … usw. Siehe Kapitel 9. Mary Jane M. von ***Take Shake for Life*** *hat sich eine ganz besondere Weise ausgedacht, um Zufallsbekanntschaften mit dem Verteilen von Broschüren zu kombinieren. Das hat sie getan:*

Mary Janes Geschichte

„Ich hatte mein Gepäck gerade am Flughafenschalter aufgegeben und das einzige, was ich noch in der Hand hielt, waren mein Portemonnaie und meine Broschüren … in den Broschüren waren meine Kontaktinformationen, mein Vorher– und mein Nachher-Foto und mein Skript … Ich sah im Flughafen viele extrem übergewichtige Menschen und ich dachte die ganze Zeit darüber nach, wie ich ihnen diese Information vermitteln könnte … Ich kann ihren Schmerz und ihre Scham so gut nachempfinden, ich kenne ja die Konsequenzen … Ich ging also SCHNELL an einer übergewichtigen Person vorbei, drückte ihr dabei eine Broschüre in die Hand und sagte: „DAS BIN ICH!!!" und ging sofort weiter. Ich konnte sie aus dem Augenwinkel beobachten. Sie schaute mir nach, dann auf die Broschüre und danach wieder auf mich. Das Ergebnis: Ich verteilte 10 bis 12 Broschüren in zwei Flughäfen in zwei Bundesstaaten. acht Interessenten besuchten meine Website und trugen ihre ganzen Kontakt-Informationen ein und vier Kunden kauften Produkte, ohne je mit mir gesprochen zu haben …"

Es gibt viele verschiedene Methoden, um sich auf den großen Marktplatz da draußen zu begeben. Bei zu vielen davon geht es jedoch nur um Verkaufsgeschwafel und den schnellen Verkaufsabschluss.

Diese Art, die Verbraucher anzusprechen, mag vielleicht vor

langer Zeit einmal funktioniert haben … als die Werbung in den Massenmedien noch neu war und die Verbraucher nicht bis zum Erbrechen mit allen möglichen Verkaufsmaschen bombardiert wurden. Ansätze, die auf Verkäuferjargon bauen, funktionieren heute nicht mehr. Die Menschen wenden sich davon ab. Wenn jemand dann kauft, so tut er dies oft *trotz* der Sprüche und Anzeigen.

Darum lassen wir die Finger vom Verkaufsgerede. (Haben Sie das schon bemerkt?) Die Skript-Formeln basieren auf Ihrer Lieblingslösung, Ihrem heißesten Hot-Button. Sie erzählen Ihre persönliche Geschichte und fragen, ob es eine Übereinstimmung zwischen Verbraucher und Geschichte gibt.

Das ist alles. Wenn nicht, dann der Nächste bitte!

Falls ja, dann machen wir im Beraterstil weiter. Wir benutzen eine Sprache, die normale Menschen verstehen, um das Produkt oder den Service und die Preisgestaltung zu beschreiben. Dann warten wir ab, was passiert …

19

Nachrichten

Auf dem Anrufbeantworter oder der Voicemail-Box

Ja, es ist sinnvoll, Nachrichten zu hinterlassen. Sie erhalten vielleicht einen Rückruf, der Sie überraschen wird … Ich habe immer eine Nachricht hinterlassen, weil dies ein Augenblick Zeit ist, den man mit jemandem verbringt. Unsere Teilnehmer berichten, dass sie jetzt zurückgerufen werden, was vorher nie geschah.

Bobbie R., eine *Shaklee*-Beraterin, hatte zum Beispiel in der Vergangenheit nie eine bestimmte Bekannte angerufen, weil sie fürchtete, dass ihr Ehemann, ein Arzt, die wissenschaftlichen Hintergründe des Produkts wissen wollte. Mit ihren neuen Skripts bewaffnet rief sie schließlich doch ihre Bekannte an. Sie war nicht zu Hause, also hinterließ Bobbie ihr eine Drei-Skripte-Nachricht wie die nachfolgende.

Man höre und staune: Am nächsten Tag rief die Frau zurück und sagte: „Das ist etwas, worüber ich gerne mehr wissen möchte und ich habe einige Freunde, die auch gerne das Produkt kennen lernen würden. Lass' uns ein Treffen vereinbaren ..."[1]

Die Nachrichten-Skripte sind den Skripten für echte Gespräche mit Menschen im warmen oder kalten Markt sehr ähnlich und manchmal auch damit identisch. Das Besondere an einer solchen Mitteilung ist das „Falls-Ende". Lesen Sie die Beispiel-Nachrichten hier unten und Sie werden verstehen, was ich meine.

Beispiel-Nachricht für jemanden, den Sie kennen:

BEGRÜSSUNG:

Hallo, Tante Lulu. Hier ist Mika.

ERÖFFNUNGSZEILE:

Ich rufe alle an, die ich kenne, um ihnen eine Frage zu stellen. Es geht um Folgendes.

ERSTKONTAKT-SKRIPT:

Mein Unternehmen hat ein Produkt für alle herausgebracht, die 50 geworden sind und sich plötzlich alt fühlen, so wie es mir auch gegangen ist.

Du weißt, dass ich in meinem Leben meistens ziemlich gesund und aktiv war. Dann wurde ich 50 und plötzlich fühlte ich mich alt. Ich stopfte am Nachmittag Süßigkeiten in mich hinein, um nicht am Schreibtisch einzunicken. Ich machte keinen Sport mehr und nahm 18 Pfund zu ... Ich

1 Bei der Vorbereitung des Treffens fragte Bobbie ihre Bekannte, ob ihr Ehemann etwas über die wissenschaftlichen Hintergründe des Produkts wissen wolle. Die Bekannte antwortete: „Oh nein, er will darüber nichts wissen, bis er weiß, dass es bei ihm funktioniert. Er interessiert sich nicht für die Details eines Produkts bis er sieht, dass es bei ihm funktioniert."

probierte dann so ziemlich jedes neue Produkt aus dem Bioladen und Reformhaus, das helfen könnte, aber nichts schien zu funktionieren.

Eines Tages probierte ich dieses andere Produkt und innerhalb von einem Monat bemerkte ich, dass ich nicht mehr am Schreibtisch eindöste und am Nachmittag keine Wachmacher mehr brauchte ... Das ist jetzt seit sechs Monaten so und ich kann den ganzen Tag aufbleiben ohne einzuschlafen. Auf einmal fühle ich mich nicht mehr alt. Kennst du jemanden, der vielleicht gern mehr über ein solches Produkt erfahren würde?

FALLS-ENDE:

Falls du jemanden kennst, dann ruf' mich bitte an. Hier ist meine Nummer: 01234-5678. Ich sag' dir dann, was ich habe und wir können sehen, ob es passt, einverstanden? Tschüss.

Beispiel-Nachricht für eine Person, die auf einen Kaltanruf, eine Anzeige, Broschüre, Postkarte oder eine andere Kaltakquise-Methode reagiert hat:

BEGRÜSSUNG:

Guten Tag, mein Name ist Lulu Sweet. Dies ist eine Nachricht für Harriet Cool.

ERÖFFNUNGSZEILE:

Ich rufe an, weil Sie auf eine Anzeige von uns reagiert

haben,

PERSÖNLICHES MARKT-SEGMENT:

für alle, denen beim Treppensteigen die Knie weh tun. Trifft das auf Sie zu?

FALLS-ENDE:

Falls ja, dann rufen Sie mich bitte an unter 01234-5678. Ich erzähle Ihnen dann, was ich habe und wir können sehen, ob es für Sie das Richtige ist, einverstanden? Auf Wiederhören.

Nachrichten-Formel

Wir benutzen dasselbe Skript wie für ein echtes Erstkontakt-Gespräch. Sagen Sie zum Schluss:

Falls ja, dann rufen Sie mich bitte an unter 01234-5678. Ich sage Ihnen dann, was ich habe und wir können sehen, ob es für Sie das Richtige ist, einverstanden? Auf Wiederhören.

Lernen Sie das „Falls-Ende" des Skripts auswendig. Wenn Sie fest entschlossen sind, Ihre 100 Kunden (oder mehr) zu bekommen, werden Sie es oft verwenden.

Ihr eigener Begrüßungstext

So erzeugen Sie den besten Eindruck:

1. **Sie sollten eine separate Nummer oder wenigstens eine separate Voicemail-Box für Ihr Geschäft haben.** Sie können sogar mehr als eine Mailbox für Ihr Geschäft einrichten, wenn Sie eine Marketingkampagne laufen haben. Wenn Sie zum Beispiel eine Anzeige geschaltet haben, können Sie eine Voicemail-Box für Reaktionen auf diese Anzeige reservieren:

   „Wenn Sie eine Bestellung aufgeben wollen, dann wählen Sie 1. Wenn Sie auf die Anzeige in der XYZ-Zeitung antworten, dann wählen Sie 2. Wenn Sie mit (Ihr Name) sprechen wollen, dann wählen Sie 3."
2. **Weisen Sie Ihre Kinder an, keine geschäftlichen Anrufe anzunehmen.**
3. **Nehmen Sie keine Hintergrundmusik oder Nebengeräusche mit Ihrer geschäftlichen Nachricht auf.** Über fünf singende Kinder und bellende Hunde freuen sich vielleicht Ihre Freunde und Verwandte, aber dies ist Ihrem Geschäft sicher nicht förderlich.
4. **Wenn Sie Ihre Nachricht aufnehmen, dann stehen Sie aufrecht und lächeln Sie dabei.** Mit Anspannung lässt sich nichts verkaufen, mit Freundlichkeit und Lockerheit geht es gleich viel besser. Um sicher zu sein, dass Sie wirklich lächeln, denken Sie dabei an jemanden, der Sie wirklich liebt oder den Sie wirklich lieben … ein Tier, ein Kind oder

Ihren Lebenspartner – oder eine friedliche oder fröhliche Szene. Auf diese Weise hören Sie sich nicht wie ein Verkäufer an, sondern wie ein Berater oder Freund.

5. **Drücken Sie sofort die entsprechende Taste, nachdem Sie den Piepton angekündigt haben.** (Siehe nachfolgendes Skript.) Damit verhindern Sie eine lange Pause zwischen dem Ende Ihrer Nachricht und dem Piepton. Wenn vor dem Ton eine Pause kommt, beginnen manche Anrufer zu früh zu sprechen und der Anfang ihrer Nachricht wird dann nicht aufgenommen.
6. **Hören Sie sich die Nachricht an, bevor sie aktiviert wird.** Hören Sie mit den Ohren eines Verbrauchers. Achten Sie auf Hintergrundgeräusche, auf Zögern, auf die Schwingung, die rüberkommt. Achten Sie darauf, ob der Piepton sich sofort an das Ende Ihrer Nachricht anschließt. Sie müssen die Aufnahme vielleicht 10 oder 20 Mal wiederholen. Es lohnt sich. Ihre Nachricht ist der erste Eindruck, den Ihre Anrufer von Ihnen und Ihrem Produkt oder Service erhalten.

Hier sind zwei Beispiele für Ihren Anrufbeantworter:

Beispiel-Nachricht 1

BEGRÜSSUNG:

"(Ihr Name), guten Tag, ich freue mich, dass Sie anrufen.

ERÖFFNUNGSZEILE:

Lassen Sie mich kurz erläutern, was wir machen.

KURZES ERSTKONTAKT-SKRIPT[1]:

Mein Unternehmen stellt einen Telefonservice für Menschen vor, die es Leid sind, nie zu wissen, wie hoch ihre monatliche Telefonrechnung sein wird, wie es mir auch früher ging. Trifft das auch auf Sie zu?

SCHLUSS:

Falls ja, dann hinterlassen Sie bitte Ihren Namen und Ihre Rufnummer und wann ich Sie am besten erreichen kann. Ich werde Sie zurückrufen und Ihnen erzählen, was wir haben und wir können dann gemeinsam sehen, ob es für Sie das Richtige ist, einverstanden? Hier kommt der Piepton."

1 Skript von George L., Excel Communicatons

Beispiel-Nachricht 2

BEGRÜSSUNG:

"(Ihr Name), guten Tag, ich freue mich, dass Sie anrufen.

ERÖFFNUNGSZEILE:

Lassen Sie mich kurz erläutern, was wir machen.

SKRIPT MARKTSEGMENT:

Mein Unternehmen hat ein Produkt für Menschen herausgebracht, die sich vor einem Herzinfarkt fürchten, so wie es mir früher auch ging. Geht es Ihnen auch so?

SCHLUSS:

Falls ja, dann hinterlassen Sie bitte Ihren Namen und Ihre Rufnummer und wann ich Sie am besten erreichen kann. Ich werde Sie zurückrufen und Ihnen erzählen, was wir haben und wir können dann gemeinsam sehen, ob es für Sie das Richtige ist, einverstanden? Hier kommt der Piepton."

Formel für Ihren eigenen Begrüßungstext

„(Ihr Name), guten Tag, ich freue mich, dass Sie anrufen. Lassen Sie mich kurz erläutern, was wir machen. Mein Unternehmen hat[1] ein Produkt[2] für alle[3] heraus gebracht, die

+ kurzes Erstkontakt-Skript

Falls ja, dann hinterlassen Sie Ihren Namen und Ihre Telefonnummer und wann ich Sie am besten erreichen kann. Ich werde Sie zurückrufen und Ihnen erzählen, was wir haben und wir können dann gemeinsam sehen, ob es für Sie das Richtige ist, einverstanden? Hier kommt der Piepton."

1 oder „Ich stelle ein Produkt vor ☺"

2 oder „eine Dienstleistung"

3 oder „Menschen" oder „Frauen" oder „Männer" oder „Eltern" oder eine andere passende Gruppe

20

E-Mail-Signaturen

Eine E-Mail-Signatur ist ein kleiner Text, der am Ende einer E-Mail erscheint. Seit Jahren nutze ich meine als eine Art Mini-Anzeige – ein ein– oder zweizeiliger Aufmerksamkeitserhascher, so wie ein lässig dahingeworfener Nebensatz. Dann folgen noch meine Kontaktdaten. Hier ist ein Beispiel:

Kim Klaver
Ich sage als Erster Nein.
www.whowho911.com
Tel. 800-595-1956 • 816-454-1417

Das kostet nichts, außer der nötigen Zeit um den Text zu entwerfen. Ich habe 15 oder 20 solcher Zusatzzeilen, die sich automatisch abwechseln. Einmal entworfen kann man mit einem einzigen Tastendruck eine solche Zusatzzeile am Ende jeder E-Mail erscheinen lassen.

Die meisten Menschen lesen nur ein paar Sekunden lang den Text am Ende einer E-Mail, deshalb muss er kurz sein … und ohne Verkäuferphrasen.

Die Signatur soll die Menschen dazu anregen, sich zum Beispiel zu fragen: „Wie hat sie das nur geschafft?" oder „Was macht er wohl?" Hier ist eine Zusatzzeile, die Joan W., eine meiner Teilnehmerinnen von *Shaklee*, benutzt: „Ich bekomme keine Magenschmerzen mehr."

Am 04.09.03 berichtete uns Joan Folgendes:

„Im Drei-Skripte-Kurs hatte ich eine neue Signaturzeile für meine E-Mails kreiert und es beinahe bereits wieder vergessen, als ich eine E-Mail von meiner Tante in New York erhielt, die auf meine Zusatzzeile in Bezug auf meine Magenprobleme antwortete. Sie wollte wissen, wie ich das in den Griff bekommen habe! Ich war ein wenig schockiert, dass sie sich die Mühe machte, darauf einzugehen, weil sie immer sehr gegen die ganzen Vitamine war, die ich einnehme …"

Hier ist der Aufbau ihrer E-Mail:

> Liebe Tante Mary,
>
> bla bla bla bla bla. bla bla bla bla bla bla
> bla. bla bla bla bla bla. bla bla bla bla
> bla bla bla bla bla bla bla bla. bla bla bla
> bla bla bla bla...
>
> Alles Liebe,
> Joan
>
> ---
>
> *Ich bekomme keine Magenschmerzen mehr.*
> **www.meinedomain.com**
> **Tel. 01234-5678**

Die Verwendung von E-Mail-Signaturen als eine Art Mini-Anzeige nennt man manchmal „virales Marketing". Sabeer Bhatia, Mitbegründer von *Hotmail*, kreierte diese Technik, um die Mitgliederanzahl in den ersten 14 Monaten von 0 auf 6,5 Millionen Kunden zu bringen und er erhielt im Jahr 1996 sagenhafte 40.000 neue Mitglieder pro Tag. Er verkaufte *Hotmail* am 31. Dezember 1997 für angebliche 400 Millionen Dollar an Microsoft.

Jetzt benutzen auch andere kostenlose E-Mail-Dienstleister

das virale Marketing als Standard-Marketing-Werkzeug. Wenn Sie einen dieser Dienstleister wie *Hotmail* oder *Yahoo* benutzen, haben Sie wahrscheinlich diese Mini-Anzeigen bemerkt, die automatisch am Ende jeder versendeten E-Mail erscheinen. Sie bewerben etwas, das *Hotmail* oder *Yahoo* verbreiten will – oftmals nur ihren eigenen kostenlosen E-Mail-Service. Und sie enthalten immer einen Link, den der Leser anklicken kann, um sich zu registrieren.

Auch Sie können Ihre eigene Mini-Anzeige an Ihre E-Mails anhängen. Wenn Ihr E-Mail-Service kostenpflichtig ist, erscheint nichts anderes am Ende Ihrer E-Mails und Ihre eigene Mini-Anzeige hat den Raum für sich alleine. Andernfalls teilen Sie sich den Raum mit ***Hotmail*** *oder* ***Yahoo*** *oder einem anderen kostenlosen E-Mail-Service.*

Beispiel-Zusatzzeilen

Hier sind einige Zusatzzeilen, die ich mit meinen Teilnehmern im Kurs entworfen habe. Sie können sie als Vorlagen für Ihre eigenen benutzen. Die Zusatzzeilen verwenden bestimmte Wortstrukturen und Grammatikformen, die Sie als Verbraucher identifizieren.

Machen Sie es genauso, denn sonst riskieren Sie, in den Verkäuferjargon zu verfallen. Achten Sie darauf, ob Sie die Struktur erkennen und entwerfen Sie eine oder mehrere Zusatzzeilen für sich selbst.

- Für mich gibt es kein Einnicken am Schreibtisch mehr.
- Für mich gibt es keine lähmenden Kopfschmerzen mehr.
- Ich nehme keine Allerweltsvitamine mehr.
- Ich habe kein Sodbrennen mehr und das habe ich ohne Medikamente geschafft.
- Ich brauche keine Vitaminkapseln mehr hinunterzuwürgen.
- Ich habe keine Gelenkschmerzen mehr und das ganz ohne Medikamente.
- Ich kann wieder 20 Klimmzüge machen.

- Ich kann wieder Skifahren.
- Ich kann wieder Milchprodukte essen.
- Ich fühle mich wieder als Mann.
- Ich kann wieder durchschlafen.
- Ich kann meine Füße wieder sehen, ohne Fettabsaugung.
- Ich kann wieder Hosengröße 40 tragen, so wie vor der Geburt meiner Kinder.
- Ich kann wieder Hosengröße 38 tragen, genauso als ich noch nicht 40 war.
- Ich kann wieder Sport machen so wie früher.
- Ich bin so leistungsfähig wie mit 30.

- Endlich kann ich wieder dieselbe Kleidergröße tragen wie vor der Geburt meines Kindes.
- Jetzt kann ich mit meinen Enkelkindern mithalten.
- Jetzt kann ich wach bleiben, bis meine Teenager nach Hause kommen.

- Morgens brauche ich jetzt keinen Kaffee zum Wachwerden mehr.
- Jetzt brauche ich kein Viagra® mehr.
- Jetzt brauche ich nicht länger zehn Stunden Schlaf.
- Jetzt brauche ich nicht mehr zwei Tage, um mich von einem Fußballspiel zu erholen.
- Ich bekomme keine Migräne mehr und ich habe das

ohne Medikamente geschafft.

- Ich brauche nicht mehr zur rätseln, welche Vitaminpräparate für mich die richtigen sind.
- Ich brauche am Wochenende keinen zweistündigen Mittagsschlaf mehr.
- Ich schlafe beim Vorlesen für meine Kinder nicht mehr ein.
- Ich schlafe tagsüber nicht mehr ein.
- Ich schlafe nur noch dann ein, wenn ich es will. Endlich.
- Ich mache mir über einen zu hohen Blutdruck keine Gedanken mehr.
- Ich bekomme keine Verstopfungen mehr.
- Ich bekomme keine verstopfte Nase mehr.
- Ich brauche nicht mehr zu grübeln, welche Vitaminpräparate ich nehmen soll.

- Mir tun beim Gehen nicht mehr die Füße weh.
- Meine Kinder brauchen Ihren Inhalator nicht mehr.
- Meine Kopfschmerzen schlagen mich nicht mehr K.O.
- Die Kopfschmerzen haben nicht mehr die Kontrolle über mein Leben.

- Ich mache mir keine Sorgen mehr, welche Vitaminpräparate ich nehmen sollte.
- Ich brauche keine Handvoll Vitamine mehr.

- Ich springe nicht mehr andauernd zwischen den Vitaminpräparaten hin und her.
- Ich habe keine Angst mehr, so jung zu sterben wie meine Mutter.
- Ich lasse an meinen Kindern nicht mehr meine schlechte Laune aus.
- Jetzt habe ich keine Angst mehr davor, im Alter so kränklich zu werden wie mein Vater.

- Ich glaubte schon, meine Energie wäre für immer dahin, doch jetzt ist sie wieder da.
- Ich habe jetzt wieder die Energie, um mit meinen Kindern zu spielen.
- Ich habe jetzt wieder die Energie, um mit meinem Enkel angeln zu gehen. Endlich.
- Ich habe wieder die Energie, um Sport zu treiben.
- Ich habe auf gesunde Weise 60 Pfund verloren.
- Ich nehme alles Gemüse zu mir, das ich brauche, ohne es kaufen, zerkleinern und zubereiten zu müssen.
- Ich kann mit meinen Kindern wieder lachen.
- Meine Haut sieht wieder so aus wie vor zehn Jahren und das ohne Skalpell oder Medikamente.

- Jetzt liebe ich die Spaziergänge mit meinem Hund um fünf Uhr morgens.
- Ich fühle mich wieder lebendig und hänge nicht mehr

auf der Couch rum.

➢ Ich habe eine Alternative zu Botox entdeckt.

Die meisten der ersten Versuche meiner Teilnehmer mit einer Zusatzzeile hatten noch Elemente von Verkäuferjargon in sich. Es schien fast so, als ob jeder in die gleiche Schule gegangen wäre und dort gelernt hätte, wie man Verkäufersprüche entwirft. ☹

Hier lernen wir, wie man Verbraucher-Zusatzzeilen im Sinne von Ann Fudges Anweisungen für die Werbewelt kreiert. Dazu müssen Sie Ihren Hot-Button nennen, Ihre liebste Lösung, die Sie als Verbraucher erlebten, als Sie zum ersten Mal Ihr Produkt oder Ihre Dienstleistung kennen lernten. Wenn jemand auf der Suche nach Ihrer Lösung ist oder jemand Passendes kennt, dann wird diese Person auf Ihre E-Mail mit einer Anfrage antworten oder Ihre Website besuchen, genauso wie wenn sie auf eine Anzeige reagiert.

Typische Fehler

Einige der typischen Fehler beim Entwurf von Zusatzzeilen sind Predigen oder Anpreisen:

- Gesundheit und Reichtum für alle.
- Fühlen Sie sich wieder jung.
- Werden Sie nie mehr krank.

Unspezifische und verallgemeinernde Ausdrücke:

- Die Spuren des Alters verjagen.
- Ich habe meine Energie wieder.
- Ich habe mein Leben zurück.
- Ich bin nicht mehr überlastet.

Überflüssige Formulierungen:

- Ich schleppe nicht mehr all' diese 55 zusätzlichen Pfund mit mir herum.
- Ich habe das Ratespiel für Vitamine aufgegeben.

Komplizierte oder steife Ausdrucksweise:

- Ich nehme Vitamine nicht mehr in unkontrollierten Mengen zu mir.
- Ich habe keine Anzeichen einer vorzeitigen Alterung mehr.
- Die Grippe ist an mir vorbeigegangen.

Kitschige Formulierungen:

- Mein innerer Schweinehund ist auf den Hund gekommen.
- Ich bin es nicht länger Leid, alles Leid zu sein.
- Meine Erkältungen sind in den Urlaub geflogen.
- Jetzt lasse ich meine Schmerzen im Fitness-Studio.

Checkliste und 15 Tipps

Hier ist eine Checkliste mit **sieben Fragen, die Sie sich in Bezug auf Ihre E-Mail-Zusatzzeile stellen sollten** – um zu gewährleisten, dass sie so wirkungsvoll wie nur möglich ist.

Wenn Sie die Fragen 1 bis 4 bejahen und die Fragen 5 bis 7 verneinen können, haben Sie höchstwahrscheinlich eine ziemlich gute E-Mail-Zusatzzeile.

1. Geht es um mich oder jemanden, der mir nahe steht?
2. Erzählt sie eine kurze Geschichte über meine liebste Lösung?
3. Enthält sie bildhafte Worte, damit andere Menschen sich ein Bild davon machen können, was ich meine?
4. Ist es eine Ausdrucksweise, die Sie bei einem 13-Jährigen benutzen würden?
5. Ist es predigend oder bevormundend?
6. Ist es zu niedlich?
7. Gibt es irgendwelche Elemente aus dem Verkäuferjargon? (so wie unspezifische Verallgemeinerungen, Fachchinesisch, Versprechen, Eigenlob, Prahlerei)

Hier sind 15 Tipps für noch wirkungsvollere E-Mail-Signaturen:

1. **Nehmen Sie einen E-Mail-Dienstleister, der nicht als „kostenlos" bekannt ist.** Kostenlose Anbieter wie *Hotmail* oder *Yahoo* stellen Ihnen nur kleine Mailboxen zur Verfügung, die schnell überfüllt sind, wenn Sie eine Marketing-Kampagne laufen haben. Das erzeugt den Eindruck, dass Sie kein echtes Geschäft haben, weil jeder weiß, dass dieser Service nichts kostet. Ihr Internetservice-Provider bietet normalerweise einen E-Mail-Service an oder kann Ihnen einen E-Mail-Anbieter empfehlen.
2. **Fügen Sie einen Link auf Ihrer Website ein, wenn Sie eine benutzerfreundliche Website haben.** (Siehe nächster Punkt unten, um zu bestimmen, ob Sie eine brauchbare Website haben.) Der Link muss die vollständige Webadresse enthalten, z.B. so: www.whowho911.com. Auf diese Weise kann der Leser der E-Mail direkt darauf klicken und auf Ihre Website gelangen.
3. **Benutzen Sie KEINE Website, die:**

   a) … etwas über das Geschäft erzählt. Geschäftliche Aspekte enttäuschen oder verscheuchen einen Verbraucher, der einfach nur am Kauf eines Produkts interessiert ist und nicht daran, in ein Geschäft einzusteigen. Bedenken Sie, dass 97 bis 98 Prozent der Menschen Kunden sind und keine Verkäufer. Wollen Sie nicht mit diesen in Kontakt kommen?

   b) … marktschreierisch oder mit Fachchinesisch angefüllt

ist. Das ist Verkäuferjargon, die die meisten Verbraucher abstößt. Es ist besser, eine Website überhaupt nicht zu erwähnen, als eine zu nehmen, die Ihre Interessenten vertreibt. Ein Interessent kann immer Ihre E-Mail beantworten, um Sie zu kontaktieren. Das ist viel sicherer. Dies kann bedeuten, dass Sie Ihre Unternehmens-Website für bestehende Vertriebspartner oder für Menschen reservieren, die die Geschäftsgelegenheit kennen lernen wollen, jedoch nicht für Erstkontakt-Kunden.

4. **Achten Sie darauf, dass der Link direkt auf die Seite führt, auf der das Produkt beschrieben wird, auf das sich Ihre E-Mail-Signatur bezieht.** NICHT zur Startseite Ihres Unternehmens oder zu einer Seite, auf der andere Produkte beschrieben werden. Warum wollen Sie den Verbraucher die Produkte erst suchen lassen, an denen er interessiert ist? Die meisten werden sich nicht die Zeit dafür nehmen, oder würden Sie das etwa tun?
5. **Sie können Ihren eigenen Domain-Namen erhalten und Besucher auf die Seite Ihrer Wahl weiterleiten.** Ihr Domain-Name selbst kann auch ein Marketingwerkzeug sein, wie zum Beispiel www.Ich-bin-nicht-mehr-kränklich.com. Sie können Domain-Namen bei vielen Anbietern erwerben und die Besucher auf die Webseite Ihrer Wahl weiterleiten lassen.
6. **Testen Sie Ihre E-Mail-Signatur, bevor Sie sie einsetzen,** indem Sie sich selbst eine E-Mail mit der Signatur senden.

Sehen Sie sich in Ruhe an, wie sie wirkt. Testen Sie den Link, wenn Sie einen haben und betrachten Sie alles aus der Perspektive des Lesers.

7. **Stellen Sie Ihre E-Mail-Signatur so ein, dass sie automatisch in JEDER E-Mail erscheint, die Sie versenden,** einschließlich der persönlichen Korrespondenz. Dies ist keine spezielle Marketingkampagne, sondern Sie nutzen einfach die E-Mails, die Sie ohnehin versenden, um mit Ihrer Mini-Geschichte noch mehr Menschen zu erreichen. Im Hilfe-Menü Ihres E-Mail-Programms finden Sie Anweisungen, wie man die E-Mail-Signatur einstellt.
8. **Überprüfen Sie Ihren Text auf Rechtschreibfehler.**
9. **Nichts Schreierisches:** Keine fette oder farbige Schrift, keine Großbuchstaben außer am Satzanfang, bei Hauptwörtern und bei Eigennamen, keine Ausrufezeichen.
10. **Kein Predigen:** „Gesundheit und Wohlbefinden für alle!" oder „Werden Sie Ihre Problem endlich los." oder „Ändern Sie Ihr Leben." oder auch „Wollen Sie jünger aussehen?" Stattdessen beschreiben Sie lieber eine Problemlösung, die Sie persönlich erlebt haben.
11. **Fügen Sie NICHT die offensichtliche Verkäuferfrage hinzu:** „Wie sieht es bei Ihnen aus?" ODER „Wollen Sie das nicht auch?" Erlauben Sie dem Leser das Vergnügen, denken zu können: „Ah ja, das geht mir auch so."
12. **Erwähnen Sie nicht den Namen Ihres Produkts oder Ihres Unternehmens.** Auch das ist Verkäuferstil. Hier ist ein

Beispiel von einem Kursteilnehmer, der eine gute Zusatzzeile entworfen hatte und dann eine zweite Zeile im Verkäuferstil hinzugefügt hat:

> **Name**
> *Wir kennen keine Gelenkschmerzen mehr …*
> *Dank Unternehmen X und seiner tollen neuen Produkte zur Schmerzkontrolle!*
>
> **name@domainname.net**
> **Tel. 01234-5678**

Ohne die dritte Zeile ist diese E-Mail-Signatur viel ansprechender, oder?

13. **Sie können eine 0800-Nummer benutzen, aber nennen Sie dann zusätzlich auch eine örtliche Rufnummer**, damit die Menschen wissen, dass Sie vor Ort leben und tatsächlich existieren. Das ist besonders wichtig bei Kampagnen im örtlichen kalten Markt.
14. **Entwerfen Sie unterschiedliche E-Mail-Zusatzzeilen** für Ihre verschiedenen Problemlösungen und stellen Sie Ihr E-Mail-Programm so ein, dass diese nach dem Zufallsprinzip ausgewählt werden. Sie können die Zufallsauswahl stets manuell wieder ändern.
15. **Sie können Ihre E-Mail-Zusatzzeile auf Ihrer Visitenkarte einsetzen, auf Aufklebern für Ihre Broschüren, in Anzeigen**

in den Gelben Seiten, auf Postkarten und anderem Postgut.

Beispiel für eine E-Mail-Signatur:

> **Lulu Paws**
> *Ich kenne keine Gelenkschmerzen mehr –*
> *und das ganz ohne Medikamente.*
>
> *www.YourDomainName.com*
> *Tel. 01234-5678*

21

Kunden-Websites

Die meisten Unternehmen haben Websites, die ihre Geschäftsgelegenheit und die Produktreihe beschreiben. Vertriebspartner des Unternehmens können normalerweise ihre eigene personalisierte Unternehmens-Site haben, eine so genannte „duplizierte Website". Jede Berater-Site sieht gleich aus, mit Ausnahme der persönlichen Daten – ein Bild und ein kurzer Lebenslauf des Vertriebspartners. Ein Kunde kann auf der Site eine Bestellung aufgeben, die dann dem Vertriebspartner zugerechnet wird.

Diese Unternehmens-Sites sind nicht dafür entworfen worden, Erstkontakt-Sites für neue potenzielle Kunden (oder Geschäftspartner) zu sein. Stattdessen dienen sie dazu, die Berater zu schulen und neue Produkte oder Dienstleistungen anzukündigen, oder um auf Änderungen im Vergütungsplan, Unternehmensschulungen oder Veranstaltungen hinzuweisen. Es kommt kaum vor, dass jemand über diese Sites eine Bestellung erhält.

Die mehr als 200 Unternehmens-Sites, die ich mir angeschaut habe, mischen ihre Produkte mit dem Angebot, durch die Geschäftsgelegenheit Geld zu verdienen.

Wie geht's weiter?

Ich habe in diesem Buch einen Ansatz vorgeschlagen, der den meisten Menschen im heutigen Network-Marketing wahrscheinlich ketzerisch erscheint. Die kontroversesten Punkte dieses Ansatzes sind: der anfängliche Fokus auf die Gewinnung von Stammkunden statt auf Geschäftsentwickler,[1] der Verzicht beim Erstkontakt mit einem Interessenten auf die Namensnennung von Produkt oder Unternehmen und auf Fachchinesisch, die Akzeptanz des Umstands, dass Ihre Problemlösung nicht für jeden interessant ist, der Einsatz Ihres eigenen Hot-Buttons anstatt nach dem der anderen zu suchen und bei diesem Fokus zu bleiben, bis Sie 100 loyale Kunden haben. Das ist NICHT leicht. Kein Produkt verkauft sich von selbst. Man muss üben, üben, üben.

Das ist das Gegenteil von dem, was seit Jahrzehnten gelehrt wird. Es stellt sich also die Frage, ob Sie diesen Weg gehen sollten oder nicht?

So treffen Sie Ihre Entscheidung: Funktioniert das, was Sie jetzt tun, oder funktioniert es nicht? Sind Sie glücklich mit dem, was Sie in Ihrem Geschäft tun, oder nicht? Sind Sie stolz darauf? Geben Ihnen die Dinge, die Sie tun, eine innere Befriedigung, oder nicht? Können Sie dabei Sie selbst sein oder nicht? Lieben

1 Natürlich schicken Sie niemanden weg, der bei Ihrem Geschäft mitmachen will. Sie suchen am Anfang nur nicht aktiv danach.

Sie es aus vollem Herzen oder nicht?

Falls ja, dann sollten Sie weiterhin tun, was Sie bisher getan haben. Geben Sie dieses Buch an jemanden weiter, der das Vertrauen in sich selbst und sein Geschäft verloren hat.

Wenn Ihre Antwort Nein lautet, dann biete ich Ihnen meine Hand an, um Sie den weniger ausgetretenen Pfad entlang zu führen. Ich lasse Sie in diesem Buch an den Geschichten teilhaben, die meine Teilnehmer bei Folgemeetings und in öffentlichen Telefonkonferenzen erzählt haben.

Zu guter Letzt erläutere ich Ihnen das Erfolgskonzept amerikanischer Unternehmen wie AOL und der Kabelfernsehbranche, um Ihnen zu zeigen, dass der Aufbau einer loyalen Kundenbasis eine gute und rentable Grundlage für Ihr Geschäft ist.

Es wird Hindernisse zu überwinden geben, Ablenkungen, die beiseite geschoben werden müssen und Druck, mit dem Sie umgehen müssen. Ihr Sponsor und andere Mitglieder Ihrer Upline könnten Ihre neue Vorgehensweise herabwürdigen und ins Lächerliche ziehen. Sie könnten Druck auf Sie ausüben, nur den Ausbau des Geschäfts zu verfolgen – was bedeutet, den einen unter 1.000 oder 10.000 zu suchen – und die Kunden zu ignorieren, von denen viel leichter einer unter zehn zu finden ist. Oder sie ignorieren vielleicht Ihre Stärken und bestehen darauf, dass Sie eine Methode anwenden, die nicht zu Ihnen passt. Oder Ihr Unternehmen wird Sie mit neuen Produkten in Versuchung führen, die nicht zu Ihrem Hot-Button passen. Oder jemand bietet Ihnen die Möglichkeit, an ein Publikum zu verkaufen, das nichts mit Ihrem Hot-Button zu tun hat. Oder Sie hören vielleicht eine Erfolgsgeschichte von jemandem, der etwas ganz anderes macht – etwas, mit dem Sie nichts zu tun haben, aber das Sie jetzt ablenkt.

Doch ich sage Ihnen: Wanken Sie nicht. Geben Sie nicht nach. Geben Sie Ihren Hot-Button-Club nicht auf. Denken Sie daran: 95 % von denen, die das Geschäft auf die althergebrachte Weise betreiben, steigen wieder aus ... entmutigt und verärgert. Und 97 bis 100 % des Einkommens, das die Unternehmen mit einem echten Produkt oder einer echten Dienstleistung verdienen, kommt durch Menschen, die jeden Monat Produkte bestellen und die Dienstleistungen in Anspruch nehmen. Dazu zählen auch viele inaktive Vertriebspartner. Nur 3 % der Kunden eines Network-Marketing-Unternehmens verkaufen auch selbst regelmäßig die Produkte.

In welcher anderen Branche hat man die Kunden derart aus dem Blick verloren?

Doch es ist schwer, einem alten Hund neue Tricks beizubringen. Die alten Hunde „ *...lachten 2001, als Steve Jobs den iPod vorstellte, Apples MP3-Player für 400 Dollar. Sie lachten 2003, als er den iTunes Music Store eröffnete und Songs für 99 Cents verkaufte, wo doch gleichzeitig Millionen von Menschen die Musik kostenlos herunterluden. Aber Steve Jobs lacht zuletzt ... er hat bereits 5 Millionen iPods verkauft. Apple besitzt einen Anteil von 55 Prozent am Music-Player-Markt ...*“ (Zeitschrift *Wired* , 6/04, S. 107).

Seth Godin beschreibt seine Sicht der Rolle der Kunden in der Überschrift eines Artikels in der Zeitschrift *Fast Company*:

„Verachtung der Verbraucher: Ein echtes Verbrechen."

Ich biete Ihnen dagegen Einsteins Einsicht an: „Die beträchtlichen Probleme, denen wir uns gegenüber sehen, können nicht auf der gleichen Ebene des Denkens gelöst werden, auf der wir uns befanden, als wir die Probleme schufen."[1]

1 http://www.jokemonster.com/quotes/quotes/ein/q130982.html

22

Fragen & Antworten

Hier sind die wichtigsten Fragen, die oft am Ende eines Drei-Skripte-Trainings oder während der Folgemeetings auftauchten. Eine oder zwei davon stellen Sie sich vielleicht auch …

Frage 1. Wenn wir ausschließlich unser Erstkontakt-Skript oder das Zielgruppen-Skript anwenden, schließen wir dann nicht alle aus, die vielleicht etwas anderes wollen?

Ja. Sie schließen mit voller Absicht die Menschen aus, die einer anderen als Ihrer Zielgruppe angehören. Sie sprechen sie nicht an. Bei einem Erstkontakt ist der wirksamste Weg, sicherzustellen, dass sich die kaufwilligen Interessenten auch wirklich angesprochen fühlen, sich auf nur EINE ZIELGRUPPE zu konzentrieren. Wenn Sie mehr als eine auf einmal nennen (d. h. über alle Ihre Produkte reden), verlieren Sie eventuell den einen, der kaufbereit ist.

Wenn Sie alles aufzählen, was Sie anzubieten haben, weil Sie hoffen, dass schon irgendetwas dabei ist, was Ihr Gegenüber interessiert, verlieren Sie dessen Aufmerksamkeit. Bei einem ERSTKONTAKT möchte niemand gleich alle Produkte kennen lernen, die Sie anbieten. Ein Interessent wird hellhörig, wenn ihn etwas innerlich berührt, sei es für sich oder für jemanden, den er kennt.

Exklusivität hat etwas Betörendes an sich, jedenfalls in unserer Kultur. Wenn Ihnen jemand sagt, dass Sie etwas nicht haben können: Wollen Sie es dann umso mehr oder weniger? Denken Sie nur mal an Ihre Kinder ... Das ist das Phänomen der verbotenen Früchte.

Immer nur eine einzige Problemlösung anzubieten, hat einen Überraschungsbonus: Empfehlungen, Empfehlungen und nochmals Empfehlungen. Kursteilnehmer des Drei-Skripte-Trainings und der Folgemeetings haben über einen beispiellosen Anstieg an Empfehlungen berichtet, von Bekannten ebenso wie von Fremden. Eine Frau erzählte uns, dass sie 16 Empfehlungen in einer Woche erhielt, mehr als je zuvor in ihrer zwölfjährigen Laufbahn.

PS: Es fällt Ihnen vielleicht leichter, die anderen loszulassen, wenn Sie es mit dem Schuhkauf vergleichen. Angenommen, Sie gehen in die Stadt, um ein Paar Damen-Laufschuhe zu kaufen. Mit dieser einen Entscheidung haben Sie soeben ALLE Herrenschuhe (Hunderte!!!) ausgeschlossen. Und wenn Sie nach Laufschuhen suchen, haben Sie jetzt auch alle anderen Arten von Damenschuhen, die es im Laden gibt, ausgeschlossen.

Aber Sie sehen sich um, probieren verschiedene Modelle an und schließlich finden Sie die richtigen. Jetzt haben Sie das, was SIE wollten – und zwar das, was ganz genau zu Ihnen passt, nicht wahr?

Wenn Sie mit Ihren neuen Schuhen nach Hause kommen, denken Sie dann über all die Schuhe nach, die Sie im Laden gelassen haben? Sehnen Sie sich nach diesen anderen Schuhen? Oder freuen Sie sich nicht viel eher darauf, Ihr EINES PAAR neuer Schuhe zu tragen?

Frage 2. Sollte ich der Person, mit der ich spreche, etwas vorspielen? Sie wissen schon, andere „für alle, die"-Geschichten ausprobieren, auch wenn es nicht meine eigenen sind? Nur für den Fall, dass sich jemand für ein anderes Produkt interessiert?

Die Antwort lautet für gewöhnlich NEIN. Bleiben Sie bei Ihren Leisten!

Erstens: Ihr eigenes Erstkontakt-Skript wieder und wieder und immer immer wieder anzuwenden, stellt sicher, dass es Ihnen ganz natürlich und wirkungsvoll von der Zunge geht, bei Tag und Nacht, ob Sie betrunken oder nüchtern sind. Wenn Ihr Gesprächspartner sich nicht angesprochen fühlt, so fällt ihm doch häufig jemand Passendes ein und er gibt Ihnen eine Empfehlung.

Zweitens: Sie werden neues Selbstbewusstsein und Fähigkeiten entwickeln, die Sie vorher nicht hatten, so dass Sie zu einem Spezialisten werden, genauso wie sich auch die Mediziner spezialisieren. Warum sollten Sie nicht zu dem Menschen in Ihrem Einzugsgebiet werden, der BEKANNT dafür ist, ein Produkt zu haben, wie beispielsweise „für Menschen, die Schmerzen und Beschwerden haben und keine Medikamente nehmen möchten, um sie loszuwerden?“ oder „für Frauen, die ihre Falten ohne Botox reduzieren wollen“? Was wäre, wenn Sie wie ein, auf ganz besondere Herzprobleme spezialisierter, Kardiologe werden, den jeder kennt? Oder eben ein Fuß– oder Augenspezialist?

Wenn Sie erst einmal 100 (oder mehr) Kunden unter Verwendung Ihres Erstkontakt-Skripts gewonnen haben, können Sie, wenn Sie möchten, ein neues Skript für eine andere Problemlösung, die Ihnen viel bedeutet, erstellen. Aber setzen Sie immer nur EINES davon ein, damit Sie als die Person wahrgenommen werden, die ein Produkt für Menschen hat, die …

Drittens: Die Marktsegmente oder Zielgruppen, die meine Kursteilnehmer beschrieben haben und von denen sie ein Teil sind, umfassen alle Millionen von Menschen.

100 Kunden in 100 Tagen zu finden, hängt nicht von der Größe des Marktes ab, sondern davon, wie häufig Sie Ihr Erstkontakt-Skript anwenden, damit sich die passenden Interessenten auch angesprochen fühlen. Warum nicht 1.000 Kunden in 1.000 Tagen in EIN UND DEMSELBEN Marktsegment finden? Ist das nicht eher klüger als schwieriger?

Eine Frau berichtete, dass sie ein Produkt für Mütter anbietet, deren Kinder wählerische Esser sind und die sich Sorgen um deren richtige Ernährung machen. Sie sagte, nachdem eine Mutter das Produkt für ihr Kind kaufte, wurde sie von dieser Mutter zu mehreren Gruppentreffen mit anderen Müttern eingeladen, um eine Präsentation zu halten – eine bei einer Kindertagesstätte, wo sie die erste Mutter kennen gelernt hatte und eine weitere bei einer Nachhilfegruppe in der Nachbarschaft.

So etwas passiert, wenn Sie nachweisen können, dass Sie ein sachkundiges Mitglied Ihrer Zielgruppe sind. Das macht es den Menschen einfacher, Ihr Spezialgebiet zu identifizieren und Sie weiterzuempfehlen. Das ist besser, als wie ein Hans-Dampf-in-allen-Gassen zu erscheinen, der dann doch nichts richtig beherrscht. Oder schlimmer noch, als einfach nur ein weiterer aus dem zahllosen Heer der Verkäufer betrachtet zu werden.

Viertens: Die Lernkurve verläuft VIEL schneller, wenn Sie das gleiche Skript innerhalb eines kurzen Zeitraums häufig wiederholen. Dr. Gawande berichtet über eine Forschergruppe an der *Harvard Business School,* die die Lernkurven von Chirurgen untersucht hat. Sie verfolgten 18 Herzchirurgen und deren Teams „bei der Anwendung der neuen Technik minimal-invasiver Herzchirurgie. Diese neue Art der Herzoperation erwies sich als weitaus schwieriger als die herkömmliche. Alle Teams erhielten die gleiche dreitägige Schulung und alle kamen aus hochrenommierten Institutionen mit viel Erfahrung im Innovationstransfer. Dennoch schafften es einige Teams ihre Operationszeit zu halbieren, während andere überhaupt keine Fortschritte machten …

Ein Arzt beobachtete mehrfach das schnellste und das langsamste Team und war erstaunt, was er dabei herausfand: Der Chirurg des schnell lernenden Teams war tatsächlich recht unerfahren im Vergleich zum Leiter des langsam lernenden Teams – es fehlten ihm einige Jahre an Erfahrung. Doch er wählte sich Teammitglieder aus, mit denen er bereits zuvor gut zusammengearbeitet hatte und behielt dieses Team für die ersten fünfzehn Operationen bei. Erst dann ließ er neue Mitglieder ins Team. Vor der ersten Operation ließ er alle eine Trockenübung absolvieren und dann setzte er in der ersten Woche wohlüberlegt gleich sechs Operationen an, so dass zwischenzeitlich nur wenig in Vergessenheit geraten konnte. Vor jeder Operation versammelte er das Team, um alles im Detail durchzusprechen und er hielt nach dem Eingriff eine Abschlussbesprechung ab. Er stellte sicher, dass die Ergebnisse genau festgehalten wurden ..."

Das ist genau das, was wir im Drei-Skripte-Training und in den Folgemeetings lehren. Finden Sie einen vertrauten Menschen, mit dem Sie ans Telefon gehen. Üben Sie die Anrufe zuvor und führen Sie dann in schneller Abfolge eine Anzahl von Gesprächen, mit jeweils einer kurzen Nachbesprechung, um so mit jedem Anruf besser zu werden. Jedes Mal verwenden Sie dasselbe Erstkontakt-Skript. Wir lassen jeden in der ersten Woche mindestens 100 Anrufe machen, da die Gespräche meist weniger als 5 Minuten dauern. Die Erfolge bestehen in gesteigerter Motivation und erheblichen Verkaufszuwächsen.

Ich bleibe bei meiner Meinung.

Frage 3. Ich habe gehört, dass manche es wirklich schnell geschafft haben. Mussten die auch so viel üben?

Als ich in das Geschäft einstieg, waren die zwei bekanntesten Erfolgsgeschichten zum einen die über einen ehemaligen Hochseefischer, der jetzt Großverdiener ist und der zu Beginn von nichts eine Ahnung hatte und lachend zugab, dass er sich die Höhe seines Bonusschecks nicht erklären konnte. Die andere Geschichte ist die eines ehemaligen Kellners, der den Fischer gesponsert hatte und plötzlich zur Nr. 1 in der Firma aufstieg.

Beide Geschichten waren sicher für alle motivierend, doch sie hielten einer näheren Überprüfung nicht stand. Ich fand heraus, dass das auf beinahe jede Person in einer Top-Position zutrifft, die ich heute in fast 100 Unternehmen kenne.

Beide oben genannten jungen Männer arbeiteten rund um die Uhr an ihrem Network-Marketing-Geschäft. Und beide verfügten über jahrelange Erfahrung in dieser Branche, ehe sie in das Unternehmen einstiegen, bei welchem ich auch eingeschrieben war.

Der Spitzenverdiener des Unternehmens entstammte

einer Network-Marketing-Familie. Sein Vater erlitt durch den Stress in seinem Network-Marketing-Geschäft einen Herzinfarkt, als er knapp über vierzig war. Sein Sohn war also mit dem Geschäft aufgewachsen und verfügte bereits über jahrelange Erfahrungen, bevor er in sein heutiges Unternehmen einstieg. Und er warb viele Menschen ab, die in seinem vorherigen Unternehmen dabei gewesen waren.

Der springende Punkt ist der, dass über all das nie gesprochen wurde. Es wurde zwar nie etwas falsches berichtet, aber die Geschichte wurde nie vollständig erzählt. So bekamen die Menschen den Eindruck, man könne von einem Fischerboot steigen und es innerhalb eines Jahres zum Einkommensmillionär bringen. Oder dass ein einfacher Kellner in ein bis zwei Jahren doppelt so viel verdienen könnte. Beides entsprach der Wahrheit, aber beide verfügten über JAHRELANGE Erfahrungen, die ihnen zweifelsohne zunutze kamen.
Dies gilt für unzählige Führungskräfte in den heutigen Unternehmen. Viele verfügten über mehr als 20 Jahre Erfahrung, bevor sie reich wurden, aber keiner erwähnt die Jahre davor. Man hört nur, dass sie nach nur drei bis vier Jahren, oder noch weniger, in diesem einen bestimmten Unternehmen mehr als

10.000 Dollar im Monat verdienen.
Das Positive daran ist, dass sich viele davon angezogen fühlen. Negativ ist, dass sich viele als Verlierer fühlen, wenn sie innerhalb von zehn oder zwölf Monaten keinen RIESIGEN Erfolg aufweisen können. Viele geben auf, wenn sie nicht innerhalb eines Jahres ein großes Einkommen erzielen, so wie es die großen Vorbilder geschafft haben.

Wenn Sie solche großen Erfolgsgeschichten hören, fragen Sie nach, was die betreffende Person DAVOR alles gemacht hat. Das könnte ihren jetzigen Erfolg erklären. Peter Drucker, der amerikanische Managementexperte Nr. 1, sagt:
„In den ersten vier Jahren macht kein neues Unternehmen Gewinne. Selbst Mozart fing nicht vor seinem vierten Lebensjahr mit dem Komponieren an."
Geben Sie sich so viel Zeit, um Ihr gegenwärtiges Einkommen zu ersetzen oder das heutige Durchschnittseinkommen zu erzielen, das in den USA bei etwas unter 3.000 Dollar im Monat liegt.

Frage 4. Wenn Sie selbst so erfolgreich darin waren, Geschäftsentwickler einzuschreiben, warum ändern Sie dann jetzt Ihre Strategie und bringen den Leuten bei, wie man an Kunden kommt?[1]

Dafür gibt es mehrere Gründe. **Erstens:** Ich bin mir nicht sicher, ob ich das, was ich vor vielen Jahren getan habe, in der heutigen Marktsituation wiederholen könnte. Es gibt inzwischen viel zu viele Leute, die sich ein Network-Marketing-Geschäft aufbauen wollten und damit gescheitert sind. Fast jeder kennt doch heutzutage jemanden, der es versuchte und nicht geschafft hat und der heute schreiend wegrennt, sobald er auch nur etwas von Network Marketing wittert. Es wird immer schwieriger, gute Kontakte zu finden, also Menschen, die bereit sind, etwas auszuprobieren.

Ich glaube nicht mehr daran, dass es mit den alten Methoden, Geschäftsentwickler einzuschreiben, noch möglich ist, die extrem hohe Abbruchrate von Unternehmern rückgängig zu machen. Ich dachte

1 John Milton Fogg stellte diese Frage während eines Interviews am 23.12.03.

früher, dass ich das erreichen könnte, indem ich den Menschen alle Überlebenstaktiken beibrachte, die ich beim Aufbau meiner eigenen Organisation gelernt hatte. Aber selbst mit diesen Taktiken lassen sich viel weniger Spitzenleute finden, als eigentlich gebraucht werden. Heute noch ein As zu finden, ist fast so, wie einen Sechser im Lotto zu haben.

Heute ist mir klar, dass die meisten, die ich für Geschäftsentwickler hielt, in Wirklichkeit nur einmalige Großabnehmer waren. Wir nannten sie „Turbos". Sie machten eine große Erstbestellung (für 2.000-5.000 Dollar, manchmal sogar für 25.000 Dollar), weil ihnen das Produkt sehr gut gefiel und sie meinten, es würde sich von alleine verkaufen. Aber viele von ihnen fanden heraus, dass sie nicht für die Welt des Direktvertriebs geschaffen waren. Deshalb hörten sie schließlich wieder auf oder erwarben die Produkte nur noch für den Eigengebrauch.

Die Turbos waren der zusätzliche monatliche Kick, aber ich musste jeden Monat neu schuften, damit ich diesen Kick auch im nächsten Monat bekam. Solch einen Rhythmus konnten die meisten nicht durchhalten. Was uns alle rettete, waren die regelmäßigen Produktanwender, die das Produkt einfach liebten und jeden Monat bestellten. Ich nehme es heute immer noch und kaufe es für meine Familie, obwohl ich mein Geschäft schon längst mit einem anderen Unternehmen mache.

Ich hatte immer einen gesunden Respekt vor diesen Produktliebhabern, weil es so viele von ihnen gab und gemeinsam trugen sie erheblich zu meinem monatlichen Einkommen bei. Deshalb rief ich ein automatisches Wiederbestellprogramm ins Leben, um es den Liebhabern einfacher zu machen, das Produkt zu erhalten und, falls sie das wünschten, es auch selbst an andere Produktliebhaber weiter zu verkaufen. Bereits damals erkannte ich, dass dieses regelmäßige Einkommen auch dann gesichert war, wenn ich in manchen Monaten keine neuen Geschäftsentwickler finden konnte.

Was mich in den letzten Jahren so sehr betrübte, war, dass viele zu mir kamen, weil ihnen gesagt wurde, dass es nicht wichtig sei, Kunden zu bekommen und dass man nur mit dem Einschreiben Geld verdienen kann. Das bedeutet, dass man die Produktliebhaber aus der Tür weist. Auf einmal sind alle die, denen das Produkt gefällt und die gerne andere finden, die auch so darüber denken, nicht mehr wichtig und das finde ich NICHT gut.

Kann ein Unternehmen ohne regelmäßige treue Kunden überleben? Wo sonst als in unserer Branche sind Kunden aus der Mode gekommen?

Ich habe festgestellt, dass meine Zahlen ziemlich genau dem Branchenstandard entsprechen. In meinem eigenen Geschäft waren vor Jahren vielleicht zwei oder drei Prozent der monatlichen Produktkunden auch selbst darin aktiv, es an andere weiter zu verkaufen und möglicherweise auf einen neuen Geschäftsentwickler zu stoßen. Das trifft auf die wichtigsten Unternehmen und Top-Leute zu, mit denen ich zusammengearbeitet habe – Unternehmen, die ein wirkliches Produkt oder eine wirkliche Dienstleistung von solch guter Qualität haben, dass sich dafür Kunden finden lassen, die keine Wiederverkäufer sind. Dies trifft z. B. zu auf *Shaklee, Mannatech, Ideal Health, Melaleuca, Excel Communications, NuSkin, Arbonne, Life Force, Tahitian Noni* und viele andere. Von allen ihren regelmäßigen Kunden betreiben nur zwei oder drei Prozent auch selbst das Geschäft.

Zweitens: Während ich Trübsal darüber blies, was ich hinsichtlich des Rückgangs im Network Marketing für meine Kursteilnehmer und meine monatlichen Online- Newsletterabonnenten tun konnte, fiel mir die Umsatzsteigerung auf, die *Dell Computers* fast jedes Quartal erzielte. *Dell* war im PC-Handel die Nummer eins geworden und ist es immer noch, vor *IBM* und dem Duo *HP / Compaq*.

Jede Untersuchung und Finanzanalyse, die ich sah,

nannte als Grund dafür, dass *Dell* die Nr. 1 war, ihre Marketingmethode des DIREKTVERTRIEBS. Den am 16.05.02 veröffentlichten Quartalsbericht von *Dell* kommentierte die *New York Times* so: „*Dell* gewinnt trotz der harten Zeiten in dieser Branche Marktanteile hinzu … Der Vorteil von *Dell* liegt nicht in der Technologie, denn alle großen PC-Hersteller zählen auf die Mikroprozessoren von *Intel* und Windows-Betriebssysteme von *Microsoft*. Aber *Dell* hat sein Direktvertriebsmodell des Verkaufs an Unternehmen und Verbraucher über das Internet oder Telefon ohne Wiederverkäufer und Einzelhändler perfektioniert …" *Dell* berichtete von „Quartalserlösen von mehr als 8 Milliarden Dollar."[1]

Ohne Frage ist die Marketingmethode, die wir alle anwenden, nämlich direkt zum Kunden zu gehen, der richtige Weg. Schauen Sie sich nur die Ergebnisse von *Dell* an! Deshalb kreierte ich vor ein paar Jahren einen Kurs, um meinen Kollegen beizubringen, wie man Kunden durch Techniken im Direktverkauf, die bei mir funktioniert hatten, gewinnt.[2]

Ungefähr zu dieser Zeit wurde ich auf das große Trara aufmerksam, das um den Zusammenschluss von *AOL* und *Time Warner* gemacht wurde. Ich war erstaunt,

1 Steve Lohr (Mai 2002), The New York Times. S. C5.

2 Paula English unterrichtete Teile dieses Kurses zusammen mit mir.

als das neuentstandene Unternehmen *AOL Time Warner* genannt wurde. *AOL* bekam den ersten Platz im Namen, obwohl es das viel jüngere Unternehmen war. Analytiker sagten, dass diese Durchschlagkraft den 30 Millionen monatlicher Kunden von *AOL* zu verdanken ist.

Unser Beruf vereint die Vorzüge beider Unternehmen: den Direktverkauf von *Dell* und die regelmäßigen monatlichen Kunden von *AOL*. Warum also sollte man diese erfolgreichen Merkmale nicht kombinieren, um Network Marketing zu beschreiben und zu betreiben?

Und ***Drittens***. Ich verfolge schon seit einigen Jahren die geschäftlichen Aspekte des Kabelfernsehens, denn gern würde ich einmal meinem heimlichen Verlangen nachgeben und Filme sowie Fernsehserien produzieren. Und jetzt raten Sie mal, was Analytiker am häufigsten über das Geschäftsmodell des Kabelfernsehens erwähnen? Ganz genau, es ist der monatliche Stamm von Kunden bzw. Abonnenten. Laut einem aktuellen Bericht von *Fox News* und der *New York Times* gibt es in den USA etwa 62 Millionen Haushalte, die Kunden eines der Kabelfernsehanbieter sind und durchschnittlich etwa 55 Dollar pro Monat bezahlen. Dieser regelmäßige monatliche Umsatz ist ihre Stärke. Und bedenken Sie dabei, dass AOL und

die Kabelgesellschaften dies ganz OHNE Downline fertig bringen. Also: Warum konzentrieren wir uns nicht auf diesen Teil unseres Geschäfts?
Machen die Unternehmen im Direktvertrieb und Network-Marketing nicht dasselbe wie *AOL* und die Kabelfernsehprovider, wenn sie Produkte und Dienstleistungen anbieten, die die Kunden das erste Mal bei einem Fachberater kaufen und dann selbst mit einer automatischen Zustellregelung wiederbestellen können? Und verkaufen wir nicht direkt an die Kunden, so wie *Dell*?
Diese Beobachtungen inspirierten mich zu dem Buch *Do You Have a Plan B?* („Haben Sie einen Plan B?") und zu den Kursen „Mit drei Skripten zu 100 Kunden in 100 Tagen". Warum sollte man sich nicht auf die monatlichen Kunden konzentrieren, so wie es die Kabel-TV-Firmen und *AOL* tun? Warum sollten wir nicht auf diese Weise unser Einkommen sichern, während wir darauf warten, dass einer dieser höchst seltenen Geschäftsentwickler auftaucht?
Wie viel würden Sie verdienen, wenn Sie 100 Kunden hätten, die jeden Monat dasselbe kaufen wie Sie auch? Und wenn es 1.000 Kunden wären?

Und da haben Sie es.

Quellenangaben

American Heritage Dictionary of the English Language. 2000. New York: Houghton Mifflin.

Gawande, Atul. 2002. *Complications: A Surgeon's Notes on an Imperfect Science.* New York: Picador, Henry Holt.

Godin, Seth. 2003. *Purple Cow.* New York: Portfolio, Penguin.

Klaver, Kim. 2002. *Do You Have a Plan B?* Kansas City, MO: Max Out Productions.

o.N. 2001. *Regeln für den Neuen Neuen MLMer.* Life Success Media GmbH

o.N.. 1996. *So You Want to Be a Networker* (Audio). Kansas City, MO: Max Out Productions.

o.N.. 1997. *How to Build a Giant Heap without Your Friends, Family, or Neighbors* (Audio). Kansas City, MO: Max Out Productions.

Lohr, Steve. 2002. *The New York Times*, May, p. C5.

Ruiz, Don Miguel, 1997. *The Four Agreements.* San Rafael CA: Amber Allen Publishing.

Strunk, William Jr. and White, E.B. 2000. *Elements of Style, Fourth Edition.* Boston: Allyn and Bacon.

Tharp, Twyla. 2003. *The Creative Habit.* New York: Simon & Schuster.

Über die Autorin

Kim Klaver war schon immer eine Querdenkerin in Fragen des Marketings. 1996 brachte sie ihren ersten firmenübergreifenden Audiokurs heraus: *So You Want to Be a Networker?* („Sie wollen also jetzt ein Networker werden?") Ihre radikalen Marketingstrategien basieren auf einem frappierenden Verständnis dafür, wie man Menschen für sich gewinnt und wie man sich meisterlich gekonnt ausdrückt und das schon seit ihrem achten Lebensjahr.

Bei ihrem ersten Versuch als professionelle Direktverkäuferin verkaufte Kim mehr Wasserfiltersysteme als irgendjemand sonst in der Unternehmensgeschichte – allein im ersten Monat erzielte sie fast 60.000 Dollar Umsatz. Fünf Jahre später fand sie ein anderes Produkt, in das sie sich verliebte und ihre Kunden kauften es Monat für Monat immer wieder. Kim baute sich innerhalb von 13 Monaten eine Organisation mit 31.000 Vertriebspartnern auf und schaffte es in so kurzer Zeit bis in die höchstmögliche Position wie noch niemand zuvor in der gesamten Firmengeschichte. (www.whowho911.com/aboutus.html)

1996 hörte Kim damit auf, sich nur auf ein einziges Network-Marketing-Unternehmen zu konzentrieren und gründete *Max Out Productions* – als Antwort auf die Tausende von Anfragen, ihre Vorgehensweisen und Tipps als Audiokurs herauszubringen und ihre Techniken jedem zur Verfügung zu stellen, der Alternativen zum gegenwärtigen Stand der Dinge suchte. Jetzt teilt sie ihre Geheimnisse und Erkenntnisse anhand ihrer Bücher, Audiokurse, Websites und Trainings mit der ganzen Branche.

Kim Klaver ist die treibende Kraft hinter der größten Network-Marketing-Website im Netz, www.whowho911.com. Die Website erzielt mittlerweile 5 Millionen Klicks pro Monat und wird in zahlreichen Zeitschriften, Websites und Newslettern empfohlen.

Kims meisterlicher Umgang mit der Sprache begann 1970 am *MIT (Massachusetts Institute of Technolgy)*, wo sie fast durch den Einführungskurs in Linguistik gefallen wäre, der von dem weltbekannten Noam Chomsky abgehalten wurde. Als Reaktion darauf verfasste sie in jenem Sommer das Buch *„From Deep to Surface Structure“* („Von der Tiefen- zur Oberflächenstruktur“), das 1971 bei

Harper & Row in New York veröffentlicht wurde. Es wurde zum grundlegenden Lehrbuch für den Linguistik-Einführungskurs am *MIT* und an anderen amerikanischen Universitäten. Das Vorwort wurde von Noam Chomsky verfasst.

1972 entwarf sie in Harvard Sprachtests für Kinder. Ihr Buch *Bilingual Syntax Measure* („Messverfahren zur bilingualen Syntax") wurde 1972 und 1973 von *Harcourt Brace* in New York veröffentlicht. Diese Tests im Comic-Stil werden überall in den USA an Grundschulen eingesetzt. Während dieser Zeit erwarb sie in Harvard ihren Magisterabschluss in Pädagogik. Sie schreibt und unterrichtet auch weiterhin und ist als Führungspersönlichkeit der alternativen Network-Marketing-Bewegung am Telefon und online weltweit aktiv. Sie lebt in Mill Valley in Kalifornien.

Mehr über Kim (in englischer Sprache) erfahren Sie unter:

www.whowho911.com/aboutus.html.

Heidi Dulay wirkte als Co-Autorin und Mitarbeiterin an fünf früheren Büchern und beim Aufbau von Kim Klavers größter Network-Organisation mit. Sie schrieb ein Buch über ihr neues Ernährungszyklus-Programm für Menschen, denen es nicht gelingt, ihr Gewicht zu halten. Heidi Dulay ist staatlich geprüfte Ernährungsberaterin und Hypnosetherapeutin und sie hat einen Doktortitel der Harvard-Universität in *Human Development*. Sie unterrichtet auch tibetisches Qigong.

Mehr über Heidi Dulay (in englischer Sprache) erfahren Sie unter:

www.littlespa.com/about.html.